Arist von Schlippe

Familientherapie im Überblick

Basiskonzepte, Formen, Anwendungsmöglichkeiten

Arist von Schlippe

Familientherapie im Überblick

Basiskonzepte, Formen, Anwendungsmöglichkeiten

Junfermann-Verlag · Paderborn

1995

6. überarbeitete Auflage 1984

11. Auflage 1995

Lektorat: Christoph J. Schmidt

Einbandgestaltung: Christoph Gassner

Gesamtherstellung: PDC – Paderborner Druck Centrum

ISBN 3-87387-233-1

ISSN 0172-5475

The Five Freedoms

To See and Hear
what is there
instead of what should be,
was or will be.

So Say -
what one feels and thinks
instead of what one should.

To Feel -
what one feels
instead of what one ought.

To Ask -
for what one wants,
instead of always waiting
for permission.

To take Risks -
in one's own behalf,
instead of chosing to be
only "secure"
and not rocking the boat.

(V. Satir)

Inhalt | Seite

Seite

Vorwort

Familientherapie ist ein mächtig expandierendes Feld, das nur schwer überschaubar und eingrenzbar ist. In gewissem Sinne repräsentiert diese Arbeit meinen Versuch, die Komplexität dieses Feldes zu reduzieren, Familientherapie in ihren Wurzeln, unterschiedlichen und vielfältigen Ansätzen und Techniken selbst zu verstehen.

Verstehen hängt mit "Verstand" zusammen. Verstandesmäßiges Einordnen ist zwar ein wichtiger Teil, aber eben auch nur ein Teil in einem ganzheitlichen Erfassungsvorgang. Für mich wird immer deutlicher, daß die Erkenntnis der systemischen Organisation menschlicher Beziehungen und darüberhinaus der Welt nicht nur eine neue Art von Verstehen mit sich bringt, sondern auch von Wahrnehmung und vom Erleben unserer Existenz überhaupt. Diese Erfahrung ganzheitlich zu be-greifen, fällt mir viel schwerer als sie zu verstehen. Die Herausforderung, die diese Art von Denken und von Wahrnehmung auch für das alltägliche Leben mit sich bringt, hoffe ich, ein wenig mit diesem Buch vermitteln zu können.

Dieser Band ist die überarbeitete Version eines von mir verfaßten Studienskripts an der Universität Osnabrück, das gleichzeitig vom Institut für Familientherapie, Weinheim angeboten wurde. Die fast durchweg positive Resonanz und das unerwartet große Interesse machten deutlich, wie hoch das Bedürfnis nach Überblick und theoretischem Verständnis von Familientherapie ist. Das ermutigte mich (und den Junfermann-Verlag) dazu, es nun auch einem größeren Leserkreis zugänglich zu machen.

Mein Dank gilt allen, die mir in irgendeiner Weise eine Rückmeldung über das Konzept gaben, vor allem jedoch M.Bosch und R.Kaufmann vom Institut für Familientherapie in Weinheim.

Osnabrück, im Januar 1984

Arist v. Schlippe

V o r w o r t   z u r   6.   A u f l a g e

Dreieinhalb Jahre sind vergangen seit der ersten Auflage dieses kleinen Bandes. Damals wurde von verschiedener Seite befürchtet, daß die Erstauflage sich nur teilweise verkaufen würde - sie war innerhalb von vier Wochen vergriffen! Daß nun schon eine 6. Auflage nötig wird um die Nachfrage zu befriedigen ist ein Zeichen wie groß das Interesse an Familientherapie ist, aber auch wie groß der Bedarf nach Überblick und Übersicht in diesem Gebiet mit seinen vielen spannenden Facetten ist. Es freut mich, daß mein eigener Versuch die Vielfalt der Familientherapie zu verstehen und be-greifbar zu machen, bei so vielen Lesern auf Resonanz stößt.

Die 6. Auflage ist im wesentlichen unverändert. Es wurden lediglich einige Korrekturen und kleinere Ergänzungen vorgenommen, das Literaturverzeichnis wurde um einige mir wichtig erscheinende Titel ergänzt.

Osnabrück, im November 1987

Arist v. Schlippe

1. Einführung

Familientherapie ist "in". In einer Liste der Ausbildungsinstitute in der Zeitschrift "Familiendynamik" 4/80 finden wir bereits elf Institute, die im deutschsprachigen Raum Ausbildungen anbieten (vgl. S. 109). Der Vielfalt der Institute entspricht eine noch größere Vielfalt theoretischer und praktischer Ansätze. Im folgenden soll versucht werden, die gemeinsamen Grundlagen unterschiedlicher Ansätze herauszuarbeiten und, darauf aufbauend, einige bedeutsame Modelle darzustellen, um dann wieder schulenübergreifend Techniken und Handlungsanweisungen darzustellen.

Mit welcher Komplexität jeder Ansatz, der vom System her zu denken versucht, zu kämpfen hat, soll ein Beispiel deutlich machen, das ich selbst in meiner familientherapeutischen Supervisionsgruppe erlebte:

In unserer Gruppe erzählt ein Psychologe sein Problem mit einer Klientin. Er kommt mit ihr nicht weiter, der Therapieprozeß stagniert - sie war als "Psychotikerin" etikettiert worden, im Verlaufe der Therapie medikamentenfrei geworden und drohte nun, rückfällig zu werden. Zunehmend wurde er wütender auf sie und die Art, wie sie sich ihm immer wieder entziehe. Er sei an einem Punkt, wo er nur noch einmal versuchen wolle, einen vernünftigen "Kontrakt" (mit Gewalt) mit ihr zu versuchen oder aufzugeben.

Auf der Ebene des therapeutischen <u>Mikrosystems</u> (der Begriff wie auch die folgenden stammt von <u>Bronfenbrenner</u> 1981) beschreibt der Therapeut das Problem als sein Problem mit der Klientin (Abb.1):

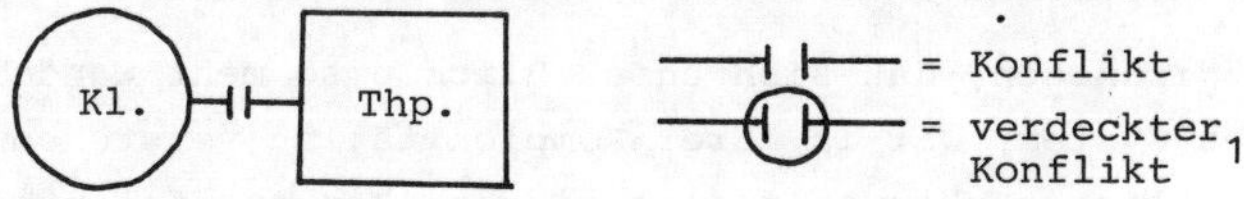

[1]

Abb.1

Im folgenden erzählt er, daß es sich um eine Familientherapie handelt, bei der Ehemann und die Tochter der Klientin beteiligt sind sowie die Cotherapeutin.

---

1) Zu den verwendeten Symbolen s. 5.2.4. und 7.6.

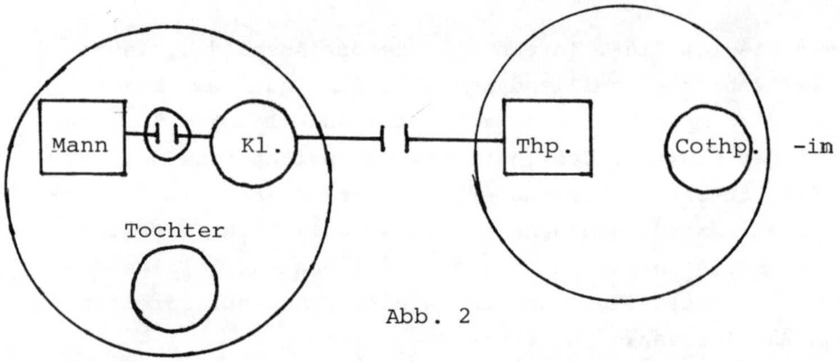

Abb. 2

Innerhalb der Familie sieht der Therapeut einen starken ehelichen Konflikt, ihm scheint, daß der Mann sein eigenes Selbstwertgefühl auf Kosten der Krankheit der Klientin stabilisiert. Im Laufe der Diskussion stellt sich heraus, daß in dem Haus außer der Kernfamilie noch mehrere andere Personen leben, die mittelbar am ehelichen Konflikt teilhaben. So übt der Vater des Mannes massiven Druck auf seine Schwiegertochter aus, doch wieder in die Psychiatrie zu gehen. Der Bruder des Mannes lebt mit seiner mit seiner Ehefrau ebenfalls mit im Hause. Zwischen den Männern besteht eine enge Verbindung, zwischen den Frauen ein offener Konkurrenzkampf um "weibliche" Fähigkeiten (Haushalt, Kochen usw.). Wenn man also die Meso- und Exosysteme[2] miteinbezieht, ist das "verrückte" Verhalten der Klientin bereits besser zu verstehen: sie wird von allen Familienmitgliedern massiv unter Druck gesetzt, abgesehen vielleicht von der Tochter, die, anscheinend relativ emanzipiert, sich aus dem familiären Konflikt heraushält.

Wir sehen, daß sich unser Blick umso mehr wandelt, je mehr Teile des Systems wir in ihrer Komplexität zu verstehen lernen. Eine wesentliche Erkenntnis systemischen Denkens ist nun aber auch, daß es keinen unabhängigen, neutralen Beobachter - also Therapeuten - gibt, sondern daß auch er mit seinem sozialen Kontext in die Betrachtung miteinzubeziehen ist. Und hier wird einiges noch deutlicher: Der Psychologe arbeitet in einem sozial-psychiatrischen

---

2) Während das Mikrosystem bei Bronfenbrenner (1981) das engste Bezugsnetz - z.B. die Familie - darstellt, bezeichnet der Begriff Mesosysteme ein System von Mikrosystemen bzw. Systemen, an denen eine Einzelperson noch zusätzlich direkt beteiligt ist, z.B. Schulklasse. Exosysteme sind Systeme, an denen ein Mensch nicht direkt beteiligt ist, die aber Auswirkungen auf ihn haben können. - z.B. die Lehrerkonferenz für einen Schüler. Die Entwicklung eines Menschen wird oft tiefgreifend von Ereignissen in Lebensbereichen beeinflußt, an denen er gar nicht beteiligt ist (also Exosystemen). Zu den stärksten Einflußgrößen zählt Bronfenbrenner die Berufsbedingungen der Eltern.

Dienst, der in einen psychiatrischen und einen Erziehungsteil aufgeteilt ist. Die Cotherapeutin hatte die Familientherapie zunächst nacheinander mit zwei Therapeuten aus dem psychiatrischen Teil der Einrichtung durchgeführt, die sich nacheinander für inkompetent und gescheitert erklärten, bis sie sich dann an den Kollegen von der Erziehungsberatungsstelle wandte, der als Familientherapeut sich durch diese Vorgeschichte besonders herausgefordert fühlte. Zwischen den beiden Untereinrichtungen des sozialpsychiatrischen Dienstes besteht ein latenter Konflikt über das "richtige" Krankheitsmodell. So hat ein mit im psychiatrischen Dienst arbeitender Psychiater dem Psychologen bereits vorausgesagt, daß er bei dieser Familie scheitern werde, da es sich um eine "endogene" und daher untherapierbare Psychose handele. Erschwerend kommt noch dazu, daß die Frau dieses Psychiaters Kindergärtnerin in dem Kindergarten ist, den die Tochter der Familie besucht. Über diesen Weg bekommt der Psychiater immer wieder konkrete Hinweise auf den Zustand der Familie, die er an den Psychologen weitergibt. Schließlich und endlich fühlt sich der Therapeut noch von der psychiatrischen Klinik unter Druck gesetzt, in der die Klientin mehrfach behandelt worden war. Die behandelnde Oberärztin hatte ebenfalls ein Scheitern der Therapie vorausgesagt.

Schließlich findet sich noch ein Konflikt zwischen dem Therapeuten und seiner Co-Therapeutin. Sie arbeitet häufig, vor allem zwischen den Familiensitzungen, auf der Linie gesellschaftlicher Forderungen, besucht die Frau, wenn es ihr nicht gut geht, spricht mit dem Ehemann allein darüber, wie er mit seiner Frau anders umgehen könne usw. Der Therapeut setzt sich mit dieser Co-Therapeutin nicht auseinander. Sie ist die einzige, die mit ihm familientherapeutisch arbeitet und er will sie nicht verlieren. Die Funktion der Gemeindereferentin innerhalb dieses Systems ist mir nicht mehr geläufig, da sie für den Therapeuten eine bedeutsame Rolle spielte, habe ich sie mit aufgeführt (s.Abb.3, S.14).

Als dem Psychologen das Ausmaß des Druckes deutlich wurde, das diese Kontextkonstellation auf ihn ausübte (er hat praktisch zu keiner Person im ganzen System eine konkurrenzfreie und entspannte Beziehung) und auf die Klientin, verstand er besser, daß er sich so schnell in Machtkämpfe verwickeln ließ. Dies entlastete ihn zunächst und veränderte auch seine Handlungsstrategien: statt in einen Machtkampf mit der Klientin hineinzugehen, beschloß er, zuerst den Konflikt mit seiner Co-Therapeutin anzugehen, im folgenden erwog er, ein Treffen mit der "Großfamilie" durchzuführen.

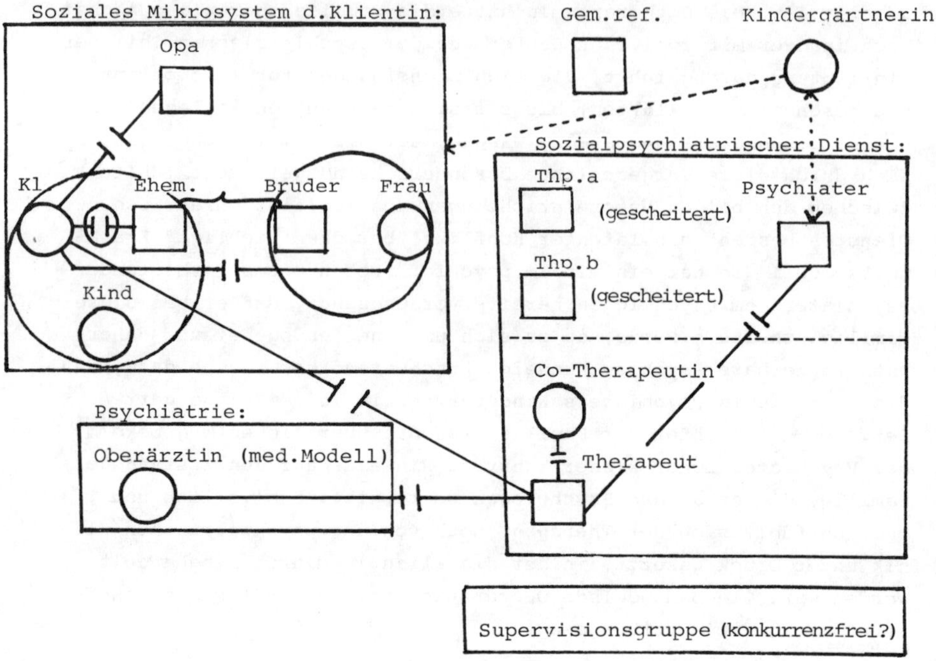

Abb. 3: Gesamtkontext

Ich denke, daß durch dieses Beispiel ein wenig deutlich geworden ist, was ein systemischer Bezugsrahmen miterfassen kann. Dabei sind wir in unserem Beispiel ausschließlich auf der Strukturseite geblieben und haben inhaltliche Gesichtspunkte noch ausgeklammert. Das Beispiel macht auch die Unsinnigkeit von kausalen Erklärungsversuchen in einem systemischen Modell deutlich. Wer ist in diesem Falle schuld an der Misere zwischen Therapeut und Klientin? Hat seine frühe Kindheit diese "verursacht"? Ist es die Cotherapeutin, die sich "falsch" verhält? Oder der Opa? (usw.) Ähnlich verhält es sich mit der Frage nach der Ursache der Symptomatik der Klientin. Auch diese läßt sich nicht beantworten und verliert auch an Gewicht, da die Ursache und der Ansatzpunkt der Veränderung nicht gleich zu sein brauchen.

Oft schleicht sich mit einer familientherapeutischen Sichtweise das altvertraute lineare Denken[3] mit ein, das uns so selbstverständlich ist: "Klar, die F a m i l i e hat die Frau krankgemacht", "Es liegt also am Ehekonflikt", "Die Klientin steht unter Druck, weil die Rollenstrukturen in der Familie noch die von vor 30 Jahren sind." Ursache-Wirkungszuschreibungen sind im systemischen Denken nicht möglich (s. auch 3.1.).

Wir sollten hier einer rein beschreibenden Darstellung den Vorzug geben und schauen, an welcher Stelle des Systems wir am effektivsten mit einer Intervention beginnen könnten, - z.B. bei der Beziehung zwischen Cotherapeutin und Therapeuten. Diese Beziehung stellt sich hier als die zentrale dar: der Therapeut braucht Rückhalt in der Auseinandersetzung mit den vielen Belastungen in den verschiedenen sozialen Kontexten, in denen er unter Druck steht.

2. Paradigmen, Verhältnis von "Wirklichkeit" und Theorie

"Die Theorie bestimmt, was wir beobachten." (Albert Einstein)

Als Paradigma bezeichnet man gemeinhin ein wissenschaftliches Grunddenkmodell, eine Axiomatik, die die Grundlage für verschiedene Theorien bildet. Ein Beispiel für ein Paradigma ist das ptolemäische Weltbild, das auf dem Axiom "Die Sonne dreht sich um die Erde" aufbaute. Auf dieser Grundlage entwickelten die Astronomen relativ genaue Berechnungen über die Bahnen der Gestirne. Alle diese Theorien waren nach der kopernikanischen Wende bedeutungslos, da durch sie eine neue Prämisse: "Die Erde dreht sich um die Sonne" eingeführt wurde, die also auch komplett neue Theorien erforderte. Der von Kuhn 1962 [1] geprägte Paradigmabegriff ist häufig strapaziert worden.[2] Dennoch möchte auch ich ihn hier bemühen. Ich folge hierbei z.B. Stierlin (1980[2]), der die Familientherapie als neues Paradigma bezeichnet. Zunächst möchte ich allerdings noch einen

---

3) In einer linearen Sichtweise wird das Verhalten eines Menschen gewissermaßen von anderen Menschen "gezündet": "Das lineare Denken geht von Aktion und Reaktion, von Reiz und Echo, von Ursache und Wirkung aus. Für den systemtheoretisch orientierten Beobachter ist jeder Teil des Systems organisierend tätig und wird zugleich von anderen Teilen organisiert. Das Verhalten des Individuums ist zugleich ursächlich und verursacht." (Minuchin et al. 1981, S. 33)

1) deutsch: 1976

2) Aus diesem Grund schlug Kuhn später (1969, zitiert in Bayertz 1980) vor, ihn durch den Begriff der "disziplinären Matrix" zu ersetzen.

Schritt zurückgehen und "die" Wissenschaftsgeschichte unter einer -zugegebenermaßen sehr parteiischen Perspektive betrachten: ich denke, es gibt einige Berechtigung, zwei grundlegend entgegengesetzte Arten von Denken zu unterscheiden, analytisch-dualistisches[3] und ganzheitlich-systemisches. Aus diesen Denkformen folgen m.E. zwei voneinander grundverschiedene Paradigmen, nämlich eins, das ich jetzt polemisch linear-kausal nennen möchte, und ein anderes, das ich ebenso parteiisch als ganzheitlich, ökologisch und systemisch bezeichnen möchte.

Kernpunkt des linearen (also Rückkopplung nicht beachtenden) Denkens ist die Suche nach Ursachen. Es beruht auf einem individualistischen Ursache-Wirkungs-Denken, wie wir es z.B. in der Psychiatrie finden, wo der somatogene Ansatz pathologisches Verhalten als durch chemische Faktoren verursacht ansieht, -ebenso der psychogene, der es z.B. auf "Ich-Schwäche" reduziert. Demgegenüber sieht systemisches Denken jedes Verhalten als bedingt durch die Struktur eines komplexen transaktionellen Feldes, innerhalb dessen es selbst eine Einflußgröße darstellt. Unter dieser Sichtweise erscheinen Regeln besser geeignet, die Wirklichkeit zu erklären als Reiz-Reaktions-Mechanismen. Zentraler Begriff ist hier der der Zirkularität statt Linearität. Bei der Erfassung einer solchen Sichtweise stehen wir vor einer großen Schwierigkeit: unsere Sprache -und damit unser Denken selbst- vermag Realität nur linear abzubilden, da die Worte aufeinander folgen[4].

Unser Jahrhundert steht im Zeichen des Übergangs auf eine neue Epistemologie (Hoffman 1982), eben ein neues Paradigma[5]. In der Physik mußte die kausal-lineare Betrachtungsweise zwangsläufig zuerst verlassen werden, im Gefolge ihrer Erkenntnisse veränder-

---

3) Descartes gilt als der Begründer der modernen Philosophie (Capra 1983). Seine gesamte Natursicht gründet auf der fundamentalen Unterscheidung zwischen zwei getrennten Bereichen: dem Geist (res cogitans) und der Materie (res extensa). Diese dualistische Spaltung hat das westliche Denken stark beeinflußt: "Diese Spaltung hat sich in den auf Descartes folgenden drei Jahrhunderten tief im menschlichen Geist eingenistet, und es wird noch viel Zeit vergehen, bis sie durch eine wirklich andersartige Haltung gegenüber dem Problem der Wirklichkeit ersetzt werden wird." (W.Heisenberg, Physik und Philosophie, zit. in Capra 1983, S.59).

4) Bateson schlägt daher eine andere Sprache, die der "rekursiven Beschreibungen" vor (in: Hoffman 1982).

5) Die These vom Paradigmenwechsel zum systemischen Paradigma ist nicht unwidersprochen geblieben (Clemenz 1983, Westmeyer 1980, Buchholz 1981).

ten sich langsam auch in anderen Disziplinen die Weltbilder (für die Psychotherapie beschrieb Guntern 1980 diesen Wandel). Was hat sich eigentlich genau geändert? Zum Newtonschen Weltbild der herkömmlichen Physik gehörten die Vorstellungen vom absoluten Raum, immer ruhend und unveränderlich, von der absoluten Materie, fest hart und massiv. Gott hatte nach dieser Vorstellung am Anfang alle Masseteilchen, die Kraft zwischen ihnen und die Grundgesetze der Bewegung geschaffen und so das Universum in Gang gesetzt, das seitdem wie eine Maschine läuft. In dieser mechanistischen Weltanschauung hat alles eine Ursache und eine Wirkung.

Die philosophische Grundlage dieses Denkens bildet die Suche der griechischen Atomisten (Demokrit)nach dem "Kern", die von Aristoteles in die Scholastik eingeführt wurde: Es ist ein Forschungsweg, der davon ausgeht, daß man bei immer weiterer Teilung der Substanz schließlich auf das A-tom, das Unteilbare, stoßen würde. Erster Schritt der Teilung war bereits die Trennung des Beobachters vom Forschungsgegenstand, wie sie dann bei Descartes explizit wurde.

Das Ideal war (und ist) für lange Zeit die völlig objektive Beschreibung der Natur und ihre Kontrolle. Der Einfluß der atomistischen Sichtweise auf Medizin und Sozialwissenschaften ist bedeutend: Wenn man den Menschen aufteilt, kommt man zunächst zu zwei Teilen, Körper und Seele, die beide weiter beliebig aufteilbar sind (Organe, Substanzen etc. oder Über-Ich, Ich, Es usw.) Das ist im Grunde nicht weiter tragisch, oft sogar erforderlich, um die Komplexität der Welt zu reduzieren. Teilweise ist diese Art des Herangehens an die Welt ja auch sinnvoll. Wir wissen heute über Teilbereiche unendlich viele Einzelheiten. Der Nachteil ist, daß dieses Denken künstliche Dichotomien[6], die es sich als Arbeitserleichterung geschaffen hat, als Realitäten ansieht und so die komplexe Ganzheit der Welt zerstört.

Zurück zur Physik: Das lineare Denkmodell führte zu gewaltigen Erkenntnissen in der Mechanik, bis Mitte des letzten Jahrhunderts eine neue Realität entdeckt wurde: der Strom bzw. das Magnetfeld. Es genügte nun nicht mehr, von festen Körpern und ihren wechselseitigen Einflüssen auszugehen, sondern es mußte der wesentlich subtilere Begriff des Feldes eingeführt werden, das seine eigene Realität besitzt, die nicht in mechanischen Termini erklärt wer-

---

6) Dichotomie: Zweiteilung

den kann. So gab es mit Ende des letzten Jahrhunderts zwei Theorien in der Physik: Newtons Mechanik und Maxwells Elektrodynamik. In den darauffolgenden Jahren unterlag die Physik weiteren drastischen Änderungen. Relativitätstheorie und Atomphysik zerstörten alle Begriffe der Newtonschen Weltanschauung: die Vorstellung vom absoluten Raum, absoluter Zeit, der festen Elementarpartikel und der kausalen Natur physikalischer Phänomene. Es wäre zu weitführend, hier in die Einzelheiten zu gehen (genauer: Kuhn 1976, Capra 1977 und 1983). Wichtig ist nur, daß hier die klassische Sicht der Wirklichkeit umgekehrt wurde, daß es also nichts Objektiv Faßbares gibt, letztendlich alles in Bewegung ist, daß auch ein Stuhl, ein Tisch aus unendlich vielen Atomen besteht, die auch wieder nicht faßbar sind, sondern aus extrem kleinen Teilchen bestehen, die mit einer unvorstellbaren Geschwindigkeit um den Kern kreisen. Auch diese Teilchen, auch der Kern, sind keine Festkörper im Sinne der klassischen Physik. Je nachdem wie wir sie ansehen, erscheinen sie manchmal als Teilchen, manchmal als Welle (Quantentheorie).[7]

Die für unsere Fragestellung relevanteste Erkenntnis ist, daß subatomare Teilchen keine Bedeutung als isolierte Gebilde, sondern nur in der Beziehung haben. Die Quantentheorie enthüllt die grundsätzliche Einheit des Universums. Sie zeigt, daß wir die Welt nicht in unabhängige kleinste Teilchen zerlegen können (Atomismus). Wenn wir in die Materie eindringen, zeigt uns die Natur keine isolierten Grundbausteine, sondern erscheint eher als ein komplexes Gewebe von Zusammenhängen zwischen verschiedenen Teilen des Ganzen, inklusive dem Beobachter, der nun eben nicht - wie bei Descartes - von den Objekten getrennt ist.

Die Bedeutung dieser Erkenntnisse für die Sozialwissenschaften und die Psychologie hat eine Reihe von Theoretikern angeregt und beeinflußt. Bis heute allerdings gibt es noch keine vollgültige Theorie sozialer Systeme - wenn man von den hochelaborierten Theo-

---

7) Capra beschreibt diese Entwicklung für die Physik 1977 in seinem gut lesbaren Buch "Der kosmische Reigen". Er versucht, hier Querverbindungen zur fernöstlichen Philosophie zu ziehen. Im Folgewerk "Wendezeit" 1983 beschreibt er noch umfassender die Konsequenzen aus den Erkenntnissen der Physik für unsere gesamte Sicht von Wirklichkeit.

rien von Parsons (1955) und Luhmann (Habermas, Luhmann 1971) absieht. Beide sind Soziologen, die versuchen, die von v.Bertalanffy (z.B. 1956, s. auch Kap. 3 in diesem Band) aufgestellte General Systems Theory auf Gesellschaftssysteme anwendbar zu machen.[8])

Dennoch setzt sich in der Wissenschaft wie auch in unserem gesamten öffentlichen Leben die Erkenntnis immer stärker durch, daß wir nicht in einer Welt von Individuen leben, sondern in einem komplexen ökologischen Kontext, in einem globalen System mit eigenen Gesetzmäßigkeiten (s. v.Schlippe, Essen 1982).

Immer weniger wird der Mensch als mechanistisches Triebaggregat verstanden, genausowenig als Reflexmaschine, sondern eher als ein aktives Persönlichkeitssystem, das mit seiner Umwelt in einem komplexen Beziehungsgeflecht interagiert:

> "Person ... wird ... betrachtet ... als wachsende, dynamische Einheit, die das Milieu, in dem sie lebt, fortschreitend in Besitz nimmt und umformt. Da aber auch die Umwelt Einflüsse ausübt und so ein Prozeß 'gegenseitiger Anpassung' nötig wird, muß ... beachtet werden, daß die Interaktion zwischen Person und Umwelt in beiden Richtungen wirkt, daß sie durch Reziprozität charakterisiert ist."
> (Bronfenbrenner 1981)

In einer solchen Sichtweise werden Interdependenzen stärker bewußt, schließlich ist der Beobachter wieder selbst ein Teil des Systems. Was folgt aus einer solchen Sicht: eine Relativierung von Theorien. Eine Theorie kann nie die Wirklichkeit perfekt abbilden, da es abstrakte Wirklichkeit nicht gibt, sondern nur Wirklichkeit in Beziehung auf den Beobachter. Mit meiner Theorie versuche ich, einer komplexen und nicht strukturierten Realität eine Struktur zugrunde zu legen (Landkarte), die mir hilft, mich in ihr zurechtzufinden. Theorie hat, so betrachtet, die Funktion eines Wegweisers.

Hier finden wir einen grundlegenden wissenschaftstheoretischen Unterschied zwischen z.B. dem Kritischen Rationalismus als dessen Hauptvertreter Popper[9] gilt, der sagt:

---

8) Ebensowenig wie eine gültige Theorie sozialer Systeme gibt es übrigens eine einheitliche Theorie der Familientherapie.

9) Natürlich erfaßt das Zitat den Kritischen Rationalismus in keiner Weise, vor allem nicht seine kritischen Aspekte ("Gegen die normale Wissenschaft!"). Grundlegender Unterschied zur hier vertretenen Position, die am ehesten als "konstruktivistisch" (Watzlawick 1981) bezeichnet werden kann, ist jedoch das Festhalten des Kritischen Rationalismus "an einer Vorstellung nicht-subjektiver Wahrheit" (Esser et al. 1977)

"Die Theorie ist das Netz, das wir auswerfen, um die Welt einzufangen, sie zu rationalisieren, zu erklären und zu beherrschen. Wir arbeiten daran, die Maschen des Netzes immer enger zu machen." (1969, S.31)

und systemtheoretischen Denkern wie Bateson :

" ... daß wir Sozialwissenschaftler gut daran täten, uns in unserem Eifer, die Welt, von der wir so wenig verstehen, kontrollieren zu wollen, zurückzuhalten. Die Tatsache unseres unvollkommenen Verstehens sollte nicht dazu führen, daß unsere Ängste genährt und damit unsere Bedürfnisse nach Kontrolle erhöht werden. Vielmehr sollten unsere Untersuchungen durch ein älteres, heute aber weniger honoriertes Motiv inspiriert werden: eine Neugier auf die Welt, von der wir ein Teil sind. Der Lohn einer solchen Arbeit ist nicht Macht, sondern Schönheit. Es ist eine seltsame Tatsache, daß jeder große wissenschaftliche Fortschritt - und nicht zuletzt der Fortschritt, den Newton erreichte - elegant ist." (1981, S. 352)

Welche Konsequenzen ergeben sich aus einer solchen Sichtweise von Realität für die Therapie? Als Therapeuten müssen wir uns immer bewußt sein, daß unser theoretischer Rahmen unsere Informationssammlung und damit unsere Intervention bestimmt - wie das Einstein-Wort am Anfang dieses Kapitels besagt. Ein psychoanalytisches Theoriemodell z.B. bedingt durch das Therapie-Setting der Couch - das heute nur noch selten praktiziert wird - von vornherein eine Einschränkung meiner Information: ich verzichte auf Körperspräche, Körpersignale und eine Auseinandersetzung zwischen zwei Personen im Hier und Jetzt.

Meine persönliche Meinung ist, daß eine Theorie nicht nach richtig oder falsch beurteilt werden sollte, sondern danach, wie brauchbar sie ist, uns zu helfen, uns in der Welt zurechtzufinden, und wieviele Möglichkeiten sie eröffnet, Informationen zu sammeln und zu verarbeiten - und, nicht zuletzt, wie sehr sie Menschen schadet: z.B. hat der Labeling-Approach auf die Folgen von Etikettierung mit psychiatrischen Diagnosen eindringlich aufmerksam gemacht - (s. Scheff 1973).

3. Einführung in systemisches Denken - Systeme und ihre Eigenschaften

"Welches Muster verbindet den Krebs mit dem Hummer und die Orchidee mit der Primel und alle diese vier mit mir? Und uns alle sechs mit den Amöben in einer Richtung und mit dem eingeschüchterten Schizophrenen in einer anderen? ... Was jetzt gesagt werden muß, ist schwierig, scheint ganz leer zu sein und ist doch von sehr großer und tiefer Bedeutung für Sie und mich. In diesem historischen Zeitpunkt halte ich es für wichtig, was das Überleben der gesamten Biosphäre angeht, die, wie Sie wissen, bedroht ist. Welches ist das Muster, das alle Lebewesen verbindet?"

Was Bateson (1982, S. 15) hier formuliert, ist die Anwendung und Weiterentwicklung einer systemischen Sichtweise. An dem Zitat wird deutlich, daß es nicht nur um die gedankliche Erfassung geht, sondern auch um die gefühlsmäßige Durchdringung dieser Weise, Existenz zu betrachten und zu leben.

Als Begründer der Systemtheorie gilt heute v. Bertalanffy (z.B. 1956, 1972). Die grundlegende Idee der Theorie ist, daß Gesetzmäßigkeiten in verschiedenen Wissensgebieten zu finden seien, die sich glichen, wenn man ihre Strukturen beobachtete. Mittels einer solchen Sichtweise ist es möglich, atomare, molekulare, zellulare, organismische, persönliche, soziale und gesellschaftliche Phänomene als Systeme zu betrachten, deren Charakteristika sich auf jeder Organisationsstufe herausarbeiten lassen (s. Miller 1978 für lebende Systeme). Die Systemtheorie ist so eine Metatheorie, entwickelt mit dem Ziel der Integration der verschiedenen Wissensgebiete; sie hat ihrerseits diese Wissensgebiete beeinflußt (Varela 1982, Capra 1982, Watzlawick 1981, Maturana 1982). Die Systemtheorie ist also der Versuch, umfassend die inneren Zusammenhänge der Natur zu beschreiben. Capra bezeichnet sie als das Gedankengebäude, das die Erkenntnisse der neuen Physik aufnimmt und fortführt:

> "Für mich ist die Systemtheorie die natürliche Ausweitung der Begriffe der modernen Physik, etwa die Konzepte, die Prigogine, Bateson, Jantsch oder Maturana und Varela entwickelt haben. Ich glaube, ganz allgemein wird die Verknüpfung oder Vernetztheit zur zentralen, leitenden Metapher werden, in der Wissenschaft, in der Philosophie und auch in Gesellschaft, Politik und Wirtschaft."
> (Capra und Dürr 1983, S.30)

Guntern (1980) behauptet, daß die Psychologie zu den letzten Disziplinen gehört, die sich den Konsequenzen dieser Theorie stellt. In der Tat ist die "ökologische Wende", die Schneewind (1983) nach der "kognitiven Wende" propagiert, zum einen recht spät erfolgt, und zum anderen hat sie noch lange nicht die akademische Psychologie durchdrungen (vgl. Bronfenbrenner 1981).

Parallel zur Entwicklung der akademischen Psychologie entwikkelte sich in psychologisch-psychotherapeutischen Praxisfeldern in den letzten 25 Jahren zunächst sehr langsam, inzwischen deutlich schneller ein Untergebiet psychotherapeutischer Forschung und Theoriebildung mit dem Anspruch, ein neues Paradigma zu verwirklichen (Stierlin 1978, Guntern 1980): Die Familientherapie, bzw. weiter gefaßt: System- und Kommunikationstherapie (Gurman und Kniskern 1981). Den vielfältigen und unterschiedlichen Therapieformen gemeinsam ist eine Betrachtung von Störungen unter dem Aspekt des an der Störung beteiligten Systems, zunächst also der Familie, aber auch des sozialen Netzwerks (Speck und Attneave 1973, 1976).

Was ist ein System? Die weiteste Definition ist die folgende: "A system is a set of objects together with relationships between the objects and their attributes." (Ein System ist ein Aggregat von Objekten zusammen mit den Beziehungen zwischen den Objekten und zwischen ihren Merkmalen, Hall and Fagen 1956, S. 18). Zentral ist, daß es um die Betrachtung der Beziehungen zwischen und nicht der Natur von Phänomenen geht.

Im folgenden werde ich versuchen, die abstrakte Sprache der Systemtheorie auf menschliche und soziale Systeme (vor allem Familien) hin anwendbar bzw. verstehbar zu machen.

3.1. Verbundenheit der Elemente, Holismus

Systeme sind Ganzheiten. Alles, was existiert, existiert in ganzheitlichen Zusammenhängen. Als System betrachtet, ist die Familie ein Ganzes, etwas qualitativ anderes als die Summe ihrer Teile, mit denen sie sich (und diese untereinander) in Wechselwirkung befindet: Jeder einzelne ist mit dem anderen so verbunden, daß eine Änderung des einen automatisch eine Veränderung des gesamten Systems mit sich bringt. Statt das System in seine Bestandteile aufzusplittern und damit seine Ganzheit zu zerstören, ist es möglich, es als Ganzes zu untersuchen und seine Eigenschaften und Verhaltensweisen zu beschreiben. Allerdings stoßen wir hier auf eine Sackgasse: Letztlich ist ja auch die Betrachtung des Familiensystems eine Aufsplitterung des Familie-Umwelt-Komplexes, eine Frage, die Hall und Fagen bereits 1956 beschäftigte (Übersetzung aus: Watzlawick 1967, S.117):

> "... Frage..., wann ein Objekt dem System und wann es der Umwelt angehört; denn wenn ein Objekt zusammen mit einem System in der beschriebenen Weise reagiert, sollte es dann nicht als ein Teil des Systems betrachtet werden? ...In einem gewissen Sinn bildet ein System zusammen mit seiner Umwelt das Universum aller in Betracht zu ziehenden Dinge in einem bestimmten Kontext. Die Trennung dieses Universums in zwei Teile, System und Umwelt, kann in verschiedener Weise vorgenommen werden und ist in der Tat ganz willkürlich."

Aus dieser Definition folgt:

1) Die Trennung ist nur artifizielle Arbeitshypothese und reduziert die Komplexität der Wirklichkeit, eine Reduktion, ohne die Beobachtung und Verstehen nicht möglich wären. Diese Tatsache darf nicht vergessen werden, da wir sonst unsere künstlich geschaffenen Spaltungen für die Realität halten.[1)]

2) Die Trennung zwischen Beobachter - sei er Therapeut oder Familienforscher - und Familie ist ebenfalls artifiziell, eine künstliche Spaltung. Tatsächlich ist der Beobachter wiederum Teil des Kontextes, den er untersucht.

3.2. Zielorientierung, Prozeß

Dieser Aspekt beschreibt das zielgerichtete Verhalten lebender Systeme. Nach v. Bertalanffy (1972 S. 41) ist die "Zweckstrebigkeit" kennzeichnend für das Verhalten des Menschen, bei dem das Ziel in Gedanken bereits vorhanden ist und das gegenwärtige Handeln bestimmt. Bezogen auf die Familie, stelle ich mir vor, ist der Begriff "Prozeß" am ehesten geeignet, diesen Aspekt abzubilden. Die Familie ist nicht statisch, sondern ständig im Prozeß begriffen, "permanent in transition", d.h. es findet sich Veränderung durch die Zeit. Hall und Fagen unterscheiden zwei Arten von Prozessen, den der progressiven Segregation, also der zunehmenden Desintegration des Systems bis zu dessen Zerfall und der progressiven Systematisierung, den zunehmenden Fortschritt in Richtung auf Ganzheit. Beide Prozesse können gleichzeitig in demselben System auftreten, und es kann für Familientherapeuten bedeutsam sein zu wissen, auf welchem Weg sich eine Familie befindet. So kann z.B. das Ziel eines 18-jährigen sein, die Familie zu verlassen (Segregation), und das der Eltern, ihn zu halten (Systematisierung). Wenn auch die Eltern ihn gehen lassen, finden wir ein

---

1) Welche Konsequenzen ein solcher Fehler für unser gesellschaftliches Leben haben kann, versuchten v.Schlippe und Essen zu erörtern - 1982.

Stadium der Desintegration, dem u.U. eine neue Systematisierung des Ehesystems folgen kann, wenn es z.B. das einzige oder letzte Kind war, das die Familie verließ.

Der Begriff des Prozesses ist nicht ohne die nun folgenden zu verstehen - s.a. 3.3., 3.5.

3.3. Regulierung

Hierunter ist zu verstehen, daß ein System auf dem Weg zu seinem Ziel selbstregulierende Prozesse durchführt. Hier sind zwei wesentliche Kräfte angesprochen, die man morphostatisch und morphogenetisch nennt. Was heißt das konkret? Wie überall, wo wir der Wirklichkeit begegnen, stoßen wir auch bei der Familie auf eine dialektische Beziehung, auf ein Spannungsfeld, in dem sich Leben abspielt. Es ist das Spannungsfeld zwischen morphostatischen Kräften, die den Status quo erhalten und auf die Homöostase der Gesamtfamilie hinwirken, und morphogenetischen, die über Regeländerung Entwicklung vorantreiben. Beide Tendenzen sind notwendig. Die morphostatischen, um den Bestand des Systems zu erhalten, um Konstanz in einer sich wandelnden Umwelt zu bieten; die morphogenetischen erreichen Entwicklung, Veränderung und Bewegung und damit auch wiederum Anpassung an die gewandelte Umwelt.

Für das Verständnis dieser beiden Begriffe ist der Begriff "feedback" bedeutsam (s.a. Hoffman 1982, S. 51 ff, Watzlawick 1967 S. 29 ff u.a.). Ich habe lange gebraucht, bis ich merkte, daß der systemtheoretische Gebrauch dieses Begriffes anders ist als in der Gruppendynamik. Hier ist ein Prozeß angesprochen, in dem das System das Verhalten seiner Mitglieder nicht nur verursacht (das wäre lineare Sicht), sondern auch wieder als Information für sich selbst benutzt. Positive[2] Rückkopplungsprozesse ermöglichen Veränderungen des Systems. Ein Beispiel ist die Familie, in der ein vermehrtes Zuspätkommen des Kindes aufgegriffen wird

---

2) "Positiv" und "negativ" sind hier irreführende Begriffe, die sich in ihrer systemtheoretischen Bedeutung deutlich von dem gängigen Verständnis unterscheiden. "Positiv" bezeichnet den Prozeß, bei dem Information dazu verwendet wird, den Systemzustand zu verändern, nicht gemeint ist positives feedback im Sinne der Gruppendynamik wie "Ich finde dich nett" usw. Bei nichtlebenden Systemen ist z.B. das laute Geräusch ein Zeichen für positive Rückkopplung, das entsteht, wenn man ein Mikro vor einen Lautsprecher hält: das Mikro nimmt die leisen Geräusche der Box auf, diese gibt die Geräusche wieder, die wiederum vom Mikro aufgenommen werden, bis es zum Pfeifen kommt. "Negativ" ist nicht unbedingt im moralischen Sinn zu verstehen: Ein Thermostat, der die Information über die Raumtemperatur dazu nutzt, den Eingabewert zu reduzieren, sorgt z.B. für niedrigere Kosten.

und in einem Gespräch eine Veränderung der Ausgehzeiten vereinbart wird. Ein Übermaß an positiven Rückkopplungsprozessen kann zur Zerstörung des Systems führen (vgl. Eskalation in symmetrischen Paarbeziehungen). Negative Rückkopplungsprozesse zielen auf Stabilität. Die eingehende Information wird verwendet, um Abweichungen zu korrigieren (in unserem Beispiel würde das Zuspätkommen des Kindes durch drastische Strafen unterbunden, eine Anpassung der Familie an den Entwicklungsstand der Adoleszenz fände nicht statt). So führen positive Rückkopplungsprozesse zu Ungleichgewichtszuständen, negative zu Rigidisierung. Ein Gleichgewicht beider Prozesse ist für das sog. "homöostatische Plateau" erforderlich. Und das führt zum nächsten Begriff:

3.4. Homöostase

Ein lebendes System ist ständig im Fluß, ständig im Übergang. Homöostase läßt sich mit Gleichgewicht übersetzen[3], ein Zustand, den jedes System anstrebt, jedoch nur kurze Zeit halten kann, weshalb v. Bertalanffy (1972) auch den Begriff des Fließgleichgewichts vorschlägt.

In einer Familie mit einem funktionalen "homöostatischen Plateau" finden wir ein harmonisches Wechselspiel zwischen Gleichgewicht und Ungleichgewicht. Veränderung ist akzeptiert, Konflikte werden als Chance angesehen. Paradoxerweise ist eine solche Familie also in der Lage, sich auf Ungleichgewichtszustände einzulassen, wie z.B. eine Modifizierung der Ausgehzeiten. Eine rigide Familie kann dagegen oft nur über Symptombildung ihre Homöostase aufrechterhalten.

Wir können bei jedem Symptom fragen, welche Bedeutung es für die familiäre Homöostase hat - Beispiel: ein Kind unterbricht mit irrelevantem Verhalten jegliche Transaktionen der Eltern. Dazu läßt sich die Hypothese aufstellen, daß es mit diesem Mittel dafür sorgt, daß der elterliche Konflikt nicht virulent wird.(Dahinter steht möglicherweise der Familienmythos: wenn die Eltern sich streiten, bricht unsere Familie auseinander).

Für die Therapie ergibt sich so die Konsequenz, daß der Therapeut auf die Kräfte in der Familie achtet, die einer Veränderung

3) Watzlawick (1967) schlägt vor, den uneindeutigen Begriff der Homöostase durch "Stabilität" zu ersetzen (S.134). Die Erfahrung der vergangenen 16 Jahre zeigt aber, daß sich dieser Begriff nicht durchsetzen konnte.

Widerstand entgegensetzen könnten. Eine Spieltherapie würde in unserem Beispiel vielleicht sogar die Belastung des Kindes und der Familie erhöhen.

3.5. Kalibrierung, Stufenfunktion

Ein weiterer wesentlicher Aspekt systemischer Sichtweise ist das Phänomen diskontinuierlicher Sprünge. Entwicklung vollzieht sich - systemtheoretisch gesehen - nicht linear, sondern in Stufen. Gemeint ist hier der Prozeß, bei dem flexible Systeme auf einem bestimmten Entwicklungsstand ihre Regeln modifizieren, um sich an die durch die Entwicklung veränderten Bedingungen anzupassen. Bronfenbrenner (1981) spricht - umfassender - von ökologischen Übergängen.

Watzlawick (1967) verdeutlicht, was gemeint ist, am Beispiel der Gangschaltung: das Auto hat einen gewissen Spielraum an Geschwindigkeit innerhalb eines Ganges. Die Regel ist:"Gasgeben beschleunigt." Nach einer bestimmten Beschleunigung (Entwicklung) muß eine Neukalibrierung (Höherschaltung) erfolgen, um ein Weiterfunktionieren des Systems "Motor" auf einer höheren Ebene zu ermöglichen. Das System muß dazu einen Schritt über sich selbst hinaus tun, d.h. über seine bisher geltenden Regeln hinaus: in unserem Beispiel ist es nun nötig, Gas wegzunehmen, um nach dem Schalten schneller werden zu können.

In einer Familie sind die Prozesse komplizierter. Wir können intrafamiliäre Entwicklungsprozesse (Geburt von Kindern, Pubertät, Altern, Reife) und außerfamiliäre (Schule, Militärdienst, Ablösung der Kinder durch Beruf oder Heirat, Arbeitslosigkeit, Pensionierung usw.) unterscheiden, die ständige Herausforderungen an das Familiensystem darstellen, sich neu zu kalibrieren. Nicht selten entstehen Symptome genau an diesen ökologischen Übergängen (Stierlin 1980 beschreibt die spezifischen Probleme der Adoleszenz, die sicher im Lebenszyklus einer Familie zu den bedeutsamsten ökologischen Übergängen gehört).

3.6. Hierarchie

Systeme sind zerlegbar in Subsysteme, auch Untersysteme genannt, die ebenfalls für sich als ein System zu betrachten sind. Eines der Axiome systemischen Denkens ist, daß sich die Charakteristika lebendiger Systeme auf jeder Organisationsstufe (Organismus, soziales Mikrosystem, Gesellschaft) wiederfinden lassen. [4] Die Staffelung ist hierarchisch, d.h. daß die höher geordneten Systeme alle untergeordneten Systeme umfassen (die Gesellschaft enthält z.B. alle Familien und Individuen). Ein System (z.B. Familie) kann also immer auch als ein Untersystem zu Übersystemen (einer Dorfgemeinschaft) gesehen werden oder als Übersystem für Untersysteme (z.B. geschwisterliches Subsystem). Die gesamte Komplexität ist nicht erfaßbar - Wirsching und Stierlin (1982) vergleichen die Sichtweise mit der eines Teleskops, mit dem Aspekte scharf erfaßt werden können, indem andere unscharf werden, - s. a. Abb.4.

3.7. Regeln

Der Begriff "Regeln" ist eine Metapher, um die in einem System beobachtbaren Redundanzen zu beschreiben. Es sind die Wege gemeint, mit denen sich ein System in der Balance hält, mit denen es den Fluß von Gleichgewicht und Ungleichgewicht steuert. Formal: Regeln regeln die Beziehungen der Objekte untereinander. Sie sind vergleichbar der Grammatik: ein relativ überschaubarer Satz von Regeln erklärt die unendliche Komplexität unserer Sprache.

Regeln können offen (explizit) oder verdeckt (implizit), funktional oder dysfunktional sein. Auch hier gibt es keine absoluten Werte. So kann die Regel "keiner darf sich vom anderen trennen" für ein Baby und seine Mutter sinnvoll, zwanzig Jahre später für beide dysfunktional sein. Offene Regeln sind nicht direkt leiderzeugend (z.B. Tischsitten), anders die verdeckten, die Tabus, die die offenen auch heimlich verändern können: "Bei uns gibt es keine Unstimmigkeiten, wir können über alles reden" - dieser expliziten Regel der Familie kann die implizite Regel: "Bei uns darf es keine Unstimmigkeiten geben" unterliegen. Der Familientherapeut wird in diesem Fall ein leichtes Unbehagen in der Familie feststellen, wenn Schwierigkeiten, Differenzen auftauchen, ein plötzliches Abschweifen, Wechsel des Themas oder ein Agieren des identifizierten Patienten. Eine Meta-Regel hilft bei der Erfassung von verdeckten Regeln: eine implizite Regel liegt wahrscheinlich da vor, wo bei der expliziten non-verbal eine Drohung mitschwingt. (Eine häufig geäußerte Bitte in der Beratung:"Sagen sie uns nur, was wir falsch gemacht haben!" - Jeder in Familien-

---

4) Miller (1978) untersucht die Strukturgleichheiten auf folgenden sieben Organisationsstufen lebender Systeme: Cell, Organ, Organism, Group, Organization, Society, Supranational System.

Abb.4: Dimensionen sozio-psycho-physischer Gesundheit
(in Anlehnung an Miller 1978 und Bronfenbrenner 1981)

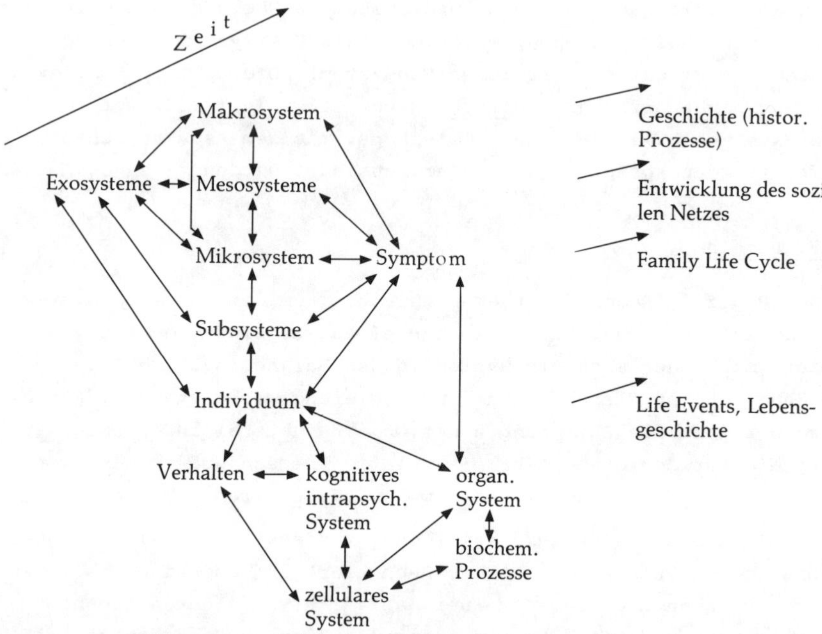

Zu Makrosystem: Soziokulturelle Bedingungen, Arbeitsbedingungen z.B. im Kapitalismus, Umweltbelastung, politische Lage (Krisen usw.)

Zu Exosystem: Konkrete Arbeitsbedingungen der Familienangehörigen, Lehrerkonferenz, politisch/moralische Ausrichtung von Lehrern, Jugendgruppenleitern usw., Fernsehen, Struktur der Gemeinde usw.

Zu Mesosystem: Arbeitsbedingungen des Betroffenen selbst, soziales Netzwerk (Speck&Attneave 1979), Schulklasse, Jugendgruppe, Kirchengemeinde, Nachbarschaft usw.

Zu Mikrosystem: Familie, Familienstruktur, Kommunikationsmuster (Satir, Minuchin usw.) Bewältigungspotential der Familie (Guntern 1981

Zu Subsystem: Beteiligung an widerstreitenden Subsystemen (Haley 1980), Kommunikationsmuster

Zu Individuum: Persönliche Geschichte, kognitive Stile, Lebensereignisse (Filipp 1981), exponierendes Verhalten, Selbstkonzept, Selbstwertgefühl (Satir 1975, Epstein 1979)

Zu Organsystem: Organische Prädisposition ("Verletzbarkeit" i.S. Minuchins 1981), spezifische Reaktionen auf Belastung ("Muskelpanzer" Alterungsprozeß

Zu Zellsystem: Streßreaktionen auf zellularer Ebene

und Elternberatung bewanderte Therapeut weiß, was passiert, wenn er dieser Aufforderung nachkommt).

Die impliziten Regeln sind den Systemmitgliedern nicht bewußt und können daher nicht ohne weiteres verändert werden wie z.B. die Taschengeldration der Kinder. Überraschende Effekte erzielt dagegen die Bewußtmachung solcher Regeln. Eine Familie, der aufgegeben wurde, die Regel: "Nur wer stark ist, zählt etwas in dieser Familie" auf ein Plakat zu schreiben und dieses einen Monat über dem Eßtisch hängen zu lassen, kann nicht mehr in der gleichen Weise dieser Regel unausgesprochen gehorchen wie früher.

3.8. Offene und geschlossene Systeme

Dieser Begriff aus der Systemtheorie wird eher allegorisch auf Familiensysteme übertragen, denn in der Systemtheorie werden lebende Systeme immer als offen, also im Austausch mit ihrer Umgebung befindlich betrachtet, im Gegensatz zu bestimmten Maschinen (nicht Computer), die keine Information mit ihrer Umwelt austauschen (Hall und Fagen 1956, Watzlawick 1967). In der familientherapeutischen Praxis hat es sich aber eingebürgert, ein System als "geschlossen" zu bezeichnen, das sich in hohem Maße von seiner Umwelt abschließt, vor allem was die Informationsgrenzen betrifft. Miller (1978) unterscheidet Grenzen für Materie und Energie auf der einen und Informationsgrenzen auf der anderen Seite. Für psychologische Fragestellungen ist die Informationsgrenze bedeutsamer. Die Art, wie mit Information, vor allem über persönliche, intime und emotionale Inhalte umgegangen wird, ist ein Indikator für den relativen Grad der Geschlossenheit des Systems. Dennoch kann es nie wirklich gänzlich geschlossen sein, da kein lebendes System überleben könnte, wenn überhaupt kein Energietransfer (zum Beispiel Essen, Atmen) oder Informationstransfer möglich wäre. Im folgenden ist mit dem Begriff "geschlossen" daher immer das "restringierte" Familiensystem gemeint.[5)]

3.9. Relativitätsprinzip

Systemisches Denken findet Realität nicht in der Substanz, sondern in der Relation. Diese Erkenntnis hat weitreichende Konsequenzen.

---

5) Ich persönlich bedaure diese terminologische Unklarheit und würde es vorziehen, ausschließlich den Begriff "rigide oder restringierte Systeme" zu verwenden, doch hat sich der Term "geschlossenes System" in der Praxis durchgesetzt, so daß auch ich ihn weiter verwende.

Es gibt demnach in sozialen Systemen keine Realität an sich, sondern nur in Relation auf die Beobachtung eines bestimmten Beobachters, z.B. des Therapeuten. Konkret: der Therapeut ist vom ersten Moment des therapeutischen Kontaktes an ein Teil des Systems. Er sieht nie die Familie, sondern immer die Familie plus Therapeuten, und die von ihm wahrgenommene Realität ist relativ auf ihn. Es gibt so viele Realitäten wie Beobachter.

v. Bertalanffy nennt dies "perspectivism". Bronfenbrenner verlangt als Konsequenz für wissenschaftliche Forschung, daß ein Forschungskontext den Standort des Wissenschaftlers als Einflußgröße mit berücksichtigen muß. (Zum Thema "Relativitätstheorie menschlicher Beziehungen" s.a. Bauriedl 1980)

3.10, Zusammenfassung und Diskussion

Systemisches Denken erfaßt Ganzheiten und nicht Individuen. Es achtet auf die in diesen Ganzheiten geltenden Regeln und die in und zwischen ihnen bestehenden Wechselwirkungen. Das systemische Denken verläßt somit die Kategorien von Ursache - Wirkung (und damit Schuld) zugunsten einer zirkulären Sichtweise. Alles im System ist aufeinander in Wechselwirkung bezogen. Menschen sind keine isolierten Einzelwesen, und daher ist jede Handlung darauf zu befragen, welche Bedeutung sie für das System hat, in dem der Mensch lebt.

Ich habe die Grundgedanken der Systemtheorie deshalb so ausführlich dargestellt, weil kein familientherapeutisches Modell ohne systemisches Denken auskommt. Von vielen Seiten her gibt es Kritik an der Systemtheorie und Vorschläge zu ihrer Erweiterung. Vor allem von der Seite der humanistischen Therapieformen wurde der Systemtheorie der Vorwurf der Lebensferne und Kälte gemacht (z.B. Petzold 1981). Das, was menschliche Systeme von anderen unterscheidet, ist Kommunikation, die einen Dialog konstituiert, anders als bei Information, die auch im Austausch zwischen Computern fließen kann. Im Dialog werden menschliche Systeme mit Sinn erfüllt. Sinn entsteht im Kontext zwischen den Sprechenden. Menschen sprechen miteinander, und nicht nur das, sie sprechen auch über etwas, über ein Thema:

"Im Unterschied zu der rein technischen Kommunikation hat derjenige, der angesprochen wird, eine Ahnung, ein Wissen darum, was ihm gesagt wird. Dadurch, daß sich die Kommunikation in einem Kontext und im Zeitkontinuum vollzieht, steht sie in einem Sinnzusammenhang, gibt es vorhersehbare Sprechakte, Möglichkeiten der Perspektivität, der Antizipation, der Reflexivität und Reziprozität: ich kann schon ahnen, was der andere mir sagen wird, und dieses Faktum wird ... konstitutiv für Kommunikation. ...In der Kommunikation geht es um Sinn. Das unterscheidet wiederum die rein technische, apparative Kommunikation von der zwischenmenschlichen. Kommunikation hat die Konstituierung von Sinn zum Ziel. ... Sinn ist niemals etwas, das ich nur für mich alleine habe, sondern es ist immer Sinn im Zusammenhang, in Kontexten, es ist Sinn zusammen mit anderen Menschen, Sinn, der aus der Co-Existenz mit anderen Menschen entfließt, er ist Consens mit anderen."(Petzold 1981,S.57)

Ich persönlich halte diese Kritik weniger für eine grundsätzliche Infragestellung systemtheoretischer Positionen als vielmehr für eine bedeutsame und wichtige Ergänzung und Konkretisierung auf menschliche Wirklichkeit hin (dies sollte vor allem im folgenden Kapitel in Erinnerung bleiben).

Was folgt aus all den oben besprochenen Punkten für eine Systemtherapie: Arbeit des Therapeuten an sich selbst und mit sich selbst (Eigentherapie, Supervision, Ernstnehmen eigener Gefühle als Diagnostika fürs System, gute Kenntnis der eigenen Position in eigenen verschiedenen Systemen), Einbeziehung des Körpers (alle Sinne, alle Ausdrucksformen), der Zeit (Geschichte), des Raumes (Lebensraum, Lebenswelt), individueller und interaktioneller Prozesse im Mikrosystem, der Kultur, Umwelt und Gesellschaft (Makrosystem).

4. Kommunikation

Das Feld der Kommunikationspsychologie ist sehr weit und nur ansatzweise zu streifen. Ich möchte hier keine kommunikationspsychologischen Grundlagen vermitteln, sondern Stichpunkte, die für das Verständnis von Beziehungen bedeutsam sind. Als Disziplin ist Kommunikationspsychologie noch nicht eigenständig, sondern interdisziplinär - wir finden sie in der Allgemeinen, der physiologischen, der Sozialpsychologie, Persönlichkeits- ,Entwicklungspsychologie und Anwendungsfächern wie Klinischer, Betriebs- und Werbepsychologie usw. Entsprechend heterogen sind auch die Konzepte und die Untersuchungsebenen. (Einen Überblick vermitteln Mattejat u. Brumm 1977).

Ich werde pragmatisch einige mir bedeutsam erscheinende Schwerpunkte auswählen:

4.1. Die metakommunikativen Axiome von Watzlawick (1967)
4.2. Kongruente Kommunikation, inkongruente Kommunikation
4.3. Metakommunikation
4.4. Geeichte Kommunikation versus rückgekoppelte Kommunikation
4.5. Die "Anatomie einer Nachricht"

4.1. Die pragmatischen metakommunikativen Axiome von Watzlawick

4.1.1. Man kann nicht nicht kommunizieren

Verhalten hat kein Gegenteil, und in einer zwischenmenschlichen Situation hat alles Verhalten Mitteilungscharakter. So wird z.B. schizophrenes Verhalten als Versuch angesehen, nicht zu kommunizieren: ein vergeblicher Versuch. In Gegenwart eines Zweiten ist alles Verhalten kommunikativ, - wie der Brief eines enttäuschten Liebhabers zeigt: "Ich habe Dir 72 Briefe geschrieben und nie eine Antwort erhalten. Das ist auch eine Antwort."

4.1.2. Jede Kommunikation hat einen Inhalts- und einen Beziehungsaspekt, letzterer bestimmt den ersteren und ist daher eine Metakommunikation

Je spontaner und ungestörter die Beziehung ist, um so mehr steht die Definition der Beziehung gegenüber dem Inhaltsaspekt im Hintergrund, während konfliktreiche Beziehungen u.a. durch wechselseitiges Ringen um ihre Definition gekennzeichnet sind. Hier verliert der Inhaltsaspekt fast völlig an Bedeutung.

Wo immer Kommunikation stattfindet, tauschen Menschen Definitionen ihrer Beziehungen und damit implizit ihrer selbst aus. Auch in einer ungestörten Beziehung bleibt der Beziehungsaspekt ständig bedeutsam. Mit jeder Interaktion definieren wir also unsere Beziehung zum anderen. Mittels einer systemischen Sichtweise lassen sich noch mehr Beziehungsdefinitionen erfassen als nur die der beiden Kommunikationspartner:

> "Außerdem geht es dabei auch noch um Personen, die gar nicht zugegen sind. Die einzige Möglichkeit, überhaupt eine wirklich dyadische Situation zu schaffen, wäre, eine schwangere Frau mit einem Fallschirm über einer unbewohnten Insel abzuwerfen. In der Realität gibt es aber immer noch die anderen. In jeder Kommunikation einer Mutter mit ihrem Kind definiert diese z.B. die Beziehung zu ihrer Schwiegermutter, zu ihrer Schwägerin und so weiter. Eine einzige Äußerung kann sechs, sieben, acht oder mehr Beziehungsdefinitionen enthalten."
>
> (Selvini 1983)

4.1.3. Die Natur einer Beziehung ist durch die Interpunktion der Kommunikationsabläufe seitens der Partner bedingt.

Kommunikation ist kreisförmig, d.h. daß jedes Verhalten sowohl Ursache als auch Wirkung ist (zirkuläre Kausalität). Jeder Teilnehmer an einem Kommunikationszyklus legt diesem aber unwillkürlich eine Struktur zugrunde, also eine "Interpunktion von Ereignisabfolgen". Diese Interpunktionen können nun aber durchaus differieren, da sie interessen- , kultur- bzw. wahrnehmungsspezifisch sind. Solche Differenzen sind bei vielen Beziehungskonflikten zu finden: die Frau, die klagt, daß ihr Mann so viel aus dem Haus gehe, worauf er antwortet, das geschehe nur, "weil" sie so viel klage. Von seiner Wahrnehmung aus ist er im R e c h t, und das verkompliziert das Ganze noch, da jeder vom anderen annimmt, er sei entweder dumm oder bösartig, daß er die Interpunktion des anderen nicht akzeptiere.

Das Dilemma liegt in der Annahme, daß Interaktionsabläufe einen Anfang hätten und daß die Wahrnehmung des anderen genauso sein müßte wie die eigene. Minuchin (1981) nennt daher auch eine systemische Sichtweise eine "Attacke auf unsere täglichen Erfahrungen."

4.1.4. Menschliche Kommunikation bedient sich digitaler und analoger Modalitäten.

Es gibt zwei grundsätzlich verschiedene Arten, über Objekte zu kommunizieren: Dem Objekt einen Namen zu geben oder eine Analogie zu verwenden (z.B. ein Bild).

Digitale Kommunikation ist eine speziell menschliche Form von Kommunikation. Sie ist abstrakt, spezialisiert, eindeutig und analytisch - Sprache, Zeichen, Zahlen (die linke Hemisphäre ist spezialisiert auf das logisch-analytische Erfassen der Realität - s. Watzlawick 1977, Ornstein 1976).

Analoge Kommunikation ist eine universelle Kommunikationsform, z.B. Gestik, Tonfall. Sie ist ganzheitlich, komplex und vieldeutig (vgl. Tränen des Schmerzes, Tränen der Freude). Die rechte Hirnhemisphäre ist für das ganzheitliche Erfassen komplexer Zusammenhänge, die Gestaltwahrnehmung und die Strukturwahrnehmung zuständig. Analog ist keine Negation möglich (Bateson versucht, Rituale als Versuch analoger Negation zu verstehen: Meine zum Gruß ausgestreckte Hand signalisiert: dies ist keine Faust).

Man kann annehmen, daß überall da, wo die Beziehungsdefinition zum Schwerpunkt der Kommunikation wird, die analoge Kommunikation bedeutsamer wird als die digitale ("Was du gesagt hast, war ja gar nicht so schlimm, aber w i e , ich komme mir ja vor wie ein kleines Kind!")

Digitale und analoge Kommunikation ergänzen einander und stehen in direkter Beziehung zum Axiom über den Inhalts- und Beziehungsaspekt.

4.1.5. Zwischenmenschliche Kommunikationsabläufe sind entweder symmetrisch oder komplementär, je nachdem ob die Beziehung zwischen den Partnern auf Gleichheit oder Unterschiedlichkeit beruht.

Im Falle symmetrischer Interaktion ist das Verhalten "spiegelbildlich" - egal ob es sich um Stärke oder Schwäche, Härte oder Güte handelt, es ist eine Art von Rivalisieren, bei der A "deswegen" zu einem bestimmten Verhalten veranlaßt wird, "weil" B eben dieses Verhalten an den Tag legte, B dann mehr desselben tut, weil A es tat usw. Hier liegt der Nachdruck auf dem Versuch, Gleichheit herzustellen und zu bewahren.

Das komplementäre Muster beruht auf der Annahme und Anerkennung von Verschiedenheit. Komplementäre Interaktionen basieren auf sich gegenseitig ergänzenden Unterschiedlichkeiten.

Beide Muster sind weder gut noch schlecht. Entscheidend ist die Frage, wie festgefahren und rigide zwei Menschen nur noch ein Muster in ihrer Interaktion zulassen - oder ein freies Wechselspiel zwischen beiden Arten erlauben können. In beiden Mustern besteht die Gefahr der Schismogenese (Bateson), wenn die Beziehungspartner in Teufelskreisen gefangen sind. Ein symmetrischer Teufelskreis hat die Form

ein komplementärer z.B. folgende:

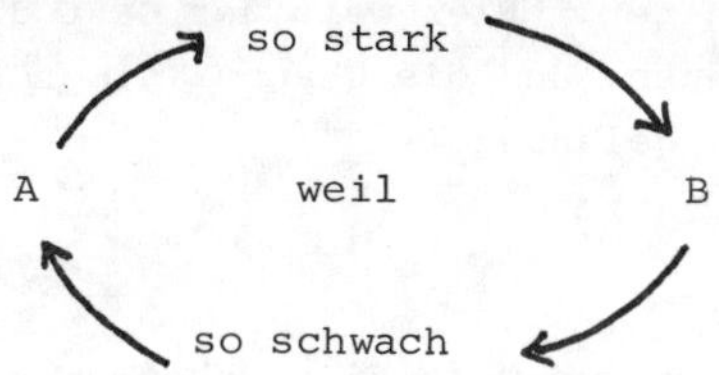

In beiden Fällen erleben die Interaktionspartner ihr eigenes Verhalten als durch das des anderen determiniert. Jedes starke (bzw. schwache) Verhalten des einen führt zu einer Verstärkung des entsprechenden Verhaltens des anderen. Solche bedenklichen Schleifen liegen z.B. dem Rüstungswettlauf zugrunde (vgl. v. Schlippe, Essen 1982, s. auch Deutsch 1983), ihre Bedeutung für Störungen in Paar- und Familienbeziehungen sind vielfach beschrieben (Stierlin 1979, Willi 1976 - s. auch Kap. 5.1.5. in diesem Band).

4.2. Kongruente Kommunikation, inkongruente Kommunikation

Der Begriff ist im Zusammenhang mit den Axiomen bedeutsam: Wenn ein Mensch sich im Konflikt befindet und diesen Konflikt nicht offen auszudrücken wagt, so vermittelt er diesen Konflikt auch in seiner Kommunikation. Wir sprechen von "Kanaldiskrepanzen", wenn z.B. digital etwas anderes ausgedrückt wird als analog. Dies wird von vielen Autoren als ein sehr wesentliches Moment in dem Zustandekommen von Störungen angesehen. (s.a. 4.4.: Geeichte Kommunikation).

Kongruent kommuniziert derjenige, der auf allen Kanälen in sich stimmige Botschaften vermittelt. Das muß nicht heißen, er dürfe nicht im Konflikt sein, sondern nur, daß er diesen Konflikt auch kommuniziert. Beispiel: Ein Gast fragt den Gastgeber: "Stört es Sie, wenn ich rauche?" Dieser antwortet: "Oh nein, bitte rauchen Sie nur!" Dabei zieht er die Stirn kraus, rümpft die Nase, wendet sich mit dem Körper ab und ballt die Hand zur Faust. - Der Gast bleibt im Ungewissen, was denn nun w i r k l i c h gestattet ist. Eine kongruente Antwort könnte hier sein, wenn der Gastgeber beide Komponenten stimmig deutlich macht: "Wissen Sie, einerseits habe ich mir gerade das Rauchen abgewöhnt, und daher fällt es mir schwer, Ihnen beim Rauchen zuzusehen, andererseits mag ich Sie gern und möchte, daß Sie sich bei mir wohlfühlen. Daher möchte ich Ihnen das Rauchen auch erlauben. Also rauchen Sie ruhig, und ich schaue derweil aus dem Fenster." Hier weiß der Gast die verschiedenen Botschaften einzuordnen, und die Chance ist größer, daß beide zu einer Konfliktlösung gelangen.

4.3. Metakommunikation

In diesem Zusammenhang ist der Begriff Metakommunikation von Bedeutung: Das Kommunizieren über die Kommunikation. Im Falle inkongruenter Kommunikation ist z.B. die Frage: "Was hast du damit gemeint?" oder: "Ich höre dich das sagen und sehe dich so und so, woran bin ich jetzt?" eine Metakommunikation. Die Doppelbindung ist z.B. dadurch gekennzeichnet, daß die bestehende Abhängigkeit der beiden Partner keine Metakommunikation erlaubt.

4.4. Geeichte Kommunikation

Im klinischen Zusammenhang (und nicht nur dort) kommt es nicht auf das einzelne Kommunikationsereignis an, sondern auf das Kommunikationssystem. Das Kommunikationsverhalten ist regelgeleitet, d.h. vom Regelsystem bestimmt. Dieses Regelsystem hält sich selbst aufrecht und rekonstituiert sich dauernd in aktuellen Kommunikationsereignissen.

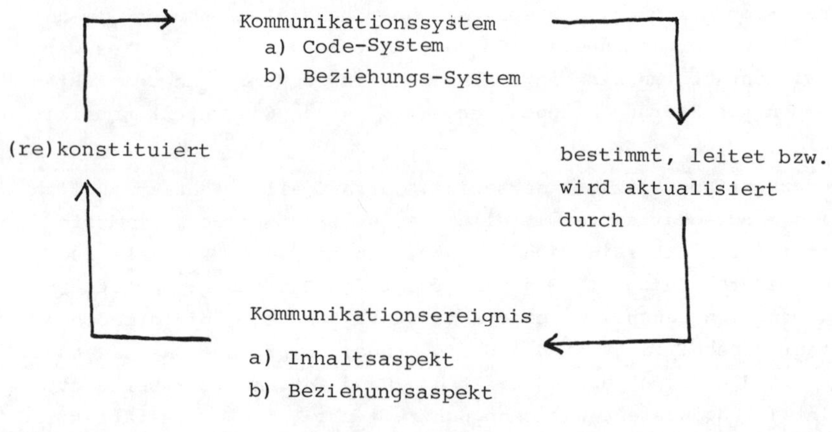

Abb. 5 Kommunikationsmodell (aus: Mattejat, Brumm 1977, S. 776)

Wir unterscheiden hier zwei Arten von Kommunikationszyklen: den rückgekoppelten und den geeichten. Es wäre nun einfach zu sagen: rückgekoppelte Kommunikation ist gut, geeichte ist schlecht, da es meist die geeichte ist, die zu leiderzeugender Interaktion führt. Ein gewisses Maß an geeichter Kommunikation ist jedoch Voraussetzung für reibungsloses Miteinander-Umgehen, wo immer Menschen einander nah sind - sei es bei der Teamarbeit, in der Partnerschaft, in der Co-Therapie oder bei anderen Gelegenheiten. Gemeint sind Interaktionsschleifen, die nicht mehr rückgekoppelt zu werden brauchen, weil ich z.B. im Team "weiß", was ein bestimmtes Signal für den anderen bedeutet, und entsprechend handele. Kriterium ist hier einmal die Nützlichkeit und zum anderen die Möglichkeit der Rückkoppelung, die in gestörten Beziehungen oft fehlt. Beispiel:

Mutter: erzählt von ihrer Ursprungsfamilie, weint dabei
Sohn : "Das macht sie jetzt nur, um mir ein schlechtes Gewissen zu machen."

oder:

Frau: "Ich räume mal eben die Teller weg"
Mann: "Mir Schuldgefühle machen: das könnte dir so passen!!"

Deutlich ist hier: es ist die fehlende Rückkopplung, nicht die Fehlinterpretation, die die Störung kennzeichnet. Eine Frage wie: "Ich merke, wie ich ein schlechtes Gewissen kriege - bist du sauer auf mich?" oder "Ärgerst du dich darüber, daß ich das Geschirr nicht abräume?" hätte evtl. schon ausgereicht, um Klarheit zu schaffen.

Besonders anfällig sind wir für geeichte Kommunikationsschleifen dort, wo wir als Kind oder Erwachsener inkongruenter Kommunikation ausgesetzt sind oder waren.[1] Inkongruente Kommunikation zu empfangen, erzeugt Spannung und Verwirrung. Eine Möglichkeit, damit umzugehen, ist, daß wir entscheiden, nur auf einem Kanal (z.B. dem visuellen) wahrzunehmen und die wahrgenommene Botschaft für die ganze Nachricht zu halten. ("Was haben Sie wahrgenommen" - "Wie mein Mann mich angeguckt hat, wußte ich schon Bescheid" - "Haben Sie gehört, was er gesagt hat?" - "Nein.")

Bandler und Grinder nennen diesen Prozeß "Teiläquivalenz" (Bandler, Grinder, Satir 1978). Wenn diese Botschaft nicht mehr überprüft wird, sprechen sie von "Gedankenlesen" ("Ich weiß, er liebt mich

---

1) Im Double-Bind-Konzept (z.B. Watzlawick 1967, kurzgefaßt: Bodin 1981) finden wir die Bedeutung inkongruenter Kommunikation als bedeutsamster Konstituente wieder: eine Handlungsaufforderung wird durch einen meist non-verbal erteilten zweiten Befehl wieder aufgehoben. Gleichzeitig wird das Verbot zu metakommunizieren (=rückzukoppeln) mitgeteilt. Wenn solche Sequenzen den Familienalltag bestimmen, kann bereits jeder Teil allein zu Angst und Wut führen.

nicht" -s.a. die Äußerungen in den obigen kleinen Beispielen). Teiläquivalenz und Gedankenlesen konstituieren wesentlich geeichte Kommunikationszyklen:

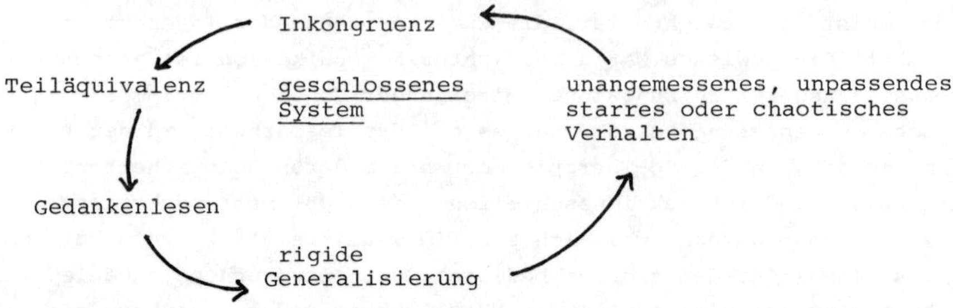

Ein rückgekoppeltes, offenes Kommunikationsmodell läßt sich so vorstellen:

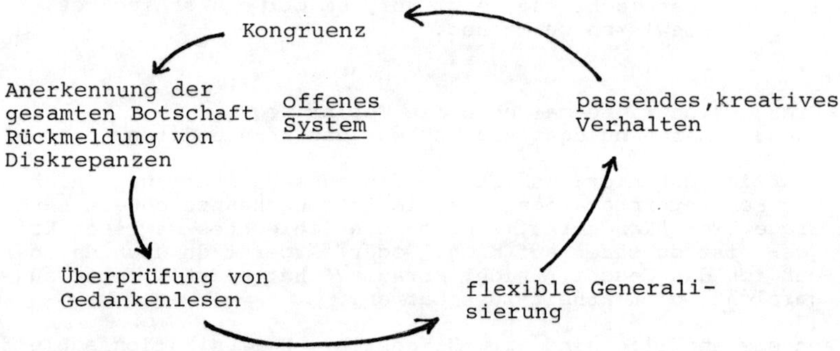

Abb.6: Geeichte und offene Kommunikationszirkel
(Beide Modelle in Anlehnung an Bandler, Grinder, Satir 1978)

4.5. Die "Anatomie einer Nachricht"

Menschliche Interaktion zeichnet sich dadurch aus, daß sie weitgehend durch Zeichensysteme vollzogen wird, nämlich die Sprache. Mittels ihrer können wir komplexe Sachverhalte übermitteln. Aber genau da beginnt die Schwierigkeit: ich möchte etwas sagen, wähle eine bestimmte Form, um das, was ich sagen will, in Sprache zu fassen (codieren) -aber: kann ich ohne weiteres davon ausgehen, daß der Leser oder Zuhörer auch genau das versteht, was ich sagen will (also richtig decodiert)? Nein, denn im Prozeß der Encodierung und Decodierung sind viele Mißverständnisse möglich. Ein einfaches Schema eines solchen Vorganges zeichnet Hörmann (in: Mattejat, Brumm 1977, S.740):

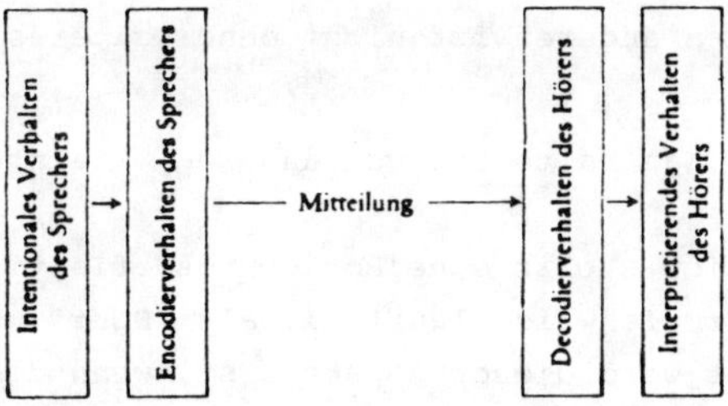

Abb. 7: Schema des Sprachereignisses nach Hörmann

Im allgemeinen gehen wir davon aus, daß ein Satz, den wir hören, genau die Bedeutung hat, die wir ihm geben. Wie unter 4.4. beschrieben, ist diese Prämisse eine der Grundlagen geeichter Kommunikation. Klarheit der Kommunikation ist jedoch, wie Schulz v. Thun deutlich macht, "eine vierdimensionale Angelegenheit". Er beschreibt (1981) vier Aspekte, unter denen wir eine Nachricht betrachten können (als "Nachricht" wird hier alles verstanden, was ein Mensch dem anderen mitteilt, verbal und nonverbal). Er illustriert diese Aspekte an einem Beispiel:

Abb. 8: Beispiel einer Nachricht (a.a.O. S. 25)

Die Nachricht des Mannes läßt sich nun unter folgenden vier Aspekten betrachten:

1. Sachinhalt: Worüber wird informiert?
   Jede Botschaft enthält einen Sachaspekt, in unserem Beispiel die Information über eine Ampel, die auf grün steht.

2. Selbstoffenbarungsaspekt: Was gebe ich von mir selbst kund?
   Neben der Information sagt der Sender auch immer etwas über sich selbst aus. Im Beispiel erfahren wir, daß der Mann genau beachtet, was seine Frau tut, daß er es evtl. eilig hat usw.

(es wird schon deutlich: die Entschlüsselung dieses Aspekts wie auch der beiden anderen ist nicht ohne weiteres eindeutig möglich).

3. Beziehungsaspekt: Was halte ich vom anderen, wie stehen wir zueinander?
   Jede Kommunikation stellt eine Beziehungsdefinition dar (vgl. 4.1.2.). Normalerweise läuft sie als "Spur" ungestört nebenher. Relevant wird dieser Aspekt erst, wenn die Beziehungsdefinition nicht klar ist. Die Reaktion der Frau im Bild zeigt deutlich, daß sie mit seiner Beziehungsdefinition ("Ich bin der, der dir nicht zutraut, ohne Hilfe zu fahren") nicht einverstanden ist und gibt ihrerseits eine Definition zurück:[2)] "Ich bestimme die Art meiner Fahrweise selbst." (Dem Sachinhalt gilt ihre Ablehnung nicht - sie ist also auch der Meinung, daß es sich um eine grüne Ampel handelt).

4. Appellaspekt: Wozu möchte ich dich veranlassen?
   Fast immer haben Nachrichten die Funktion, auf den Empfänger Einfluß zu nehmen. Der Appell im Beispiel ist vielleicht: "Gib Gas!"

Zusammenfassend lassen sich die vier Aspekte in folgendem Schema, dem sog. "Nachrichtenquadrat" darstellen:

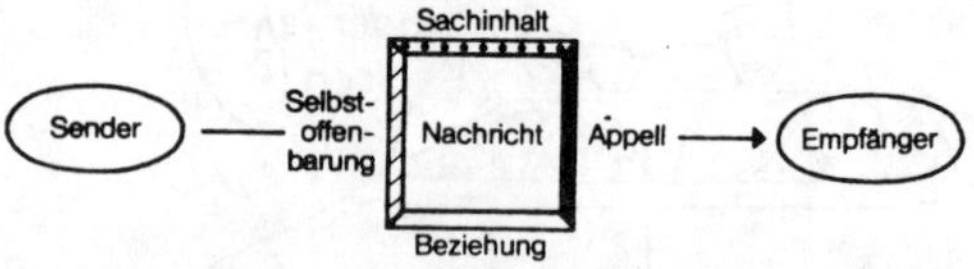

Die vier Seiten (Aspekte) einer Nachricht - ein psychologisches Modell der zwischenmenschlichen Kommunikation.

Abb.9: Die vier Aspekte einer Nachricht (a.a.O. S. 30)

Ein und dieselbe Nachricht enthält also viele Botschaften. Der Sender sendet immer gleichzeitig auf allen vier Seiten, je nach Kontext gewinnt mal die eine, mal die andere mehr Gewicht. Mit der "kommunikationspsychologischen Lupe" läßt sich jede Nachricht auf die in ihr enthaltenen (leider nur selten eindeutigen) Botschaften untersuchen:

---

2) Haley (1978) unterscheidet vier Möglichkeiten der Reaktion auf Beziehungsdefinitionen: Akzeptieren, "Durchgehen lassen", Zurückweisen, Ignorieren (entwerten). Im Beispiel weist die Frau die Definition des Mannes zurück.

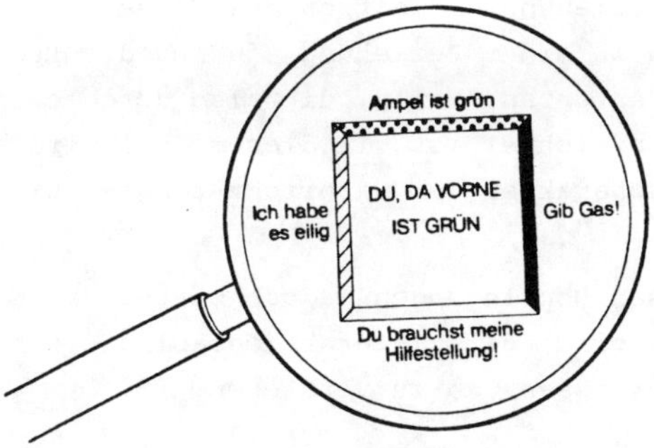

Abb.10: Die kommunikationspsychologische Lupe
(a.a.O. S.31)

Bis jetzt haben wir uns mit den verschiedenen Möglichkeiten befaßt, welche Aspekte die Nachricht vom Sender aus haben kann. Es spielt jedoch eine ebenso große Rolle, wie der Empfänger die Nachricht aufnimmt -und das macht die Sache kompliziert: der Empfänger hat nämlich die "freie Auswahl", auf welche Seite der Nachricht er reagieren will. Schulz v. Thun verwendet das Bild eines "vierohrigen Empfängers". Je nachdem, welches Ohr gerade vorrangig auf Empfang geschaltet ist, verläuft das Gespräch anders: "...oft ist dem Empfänger gar nicht bewußt, daß er einige seiner Ohren abgeschaltet hat und dadurch die Weichen für das zwischenmenschliche Geschehen stellt." (S.44). Ich persönlich denke darüberhinausgehend, daß es vor allem die Qualität der Beziehung (also die Regeln der Interaktion) ist, die die Art des Empfangs bestimmt. Ist z.B. die eheliche Beziehung gespannt und von Dominanzkämpfen beherrscht (Regel: Keiner darf nachgeben), so ist eine Reaktion wie im Beispiel eher wahrscheinlich, daß näm-

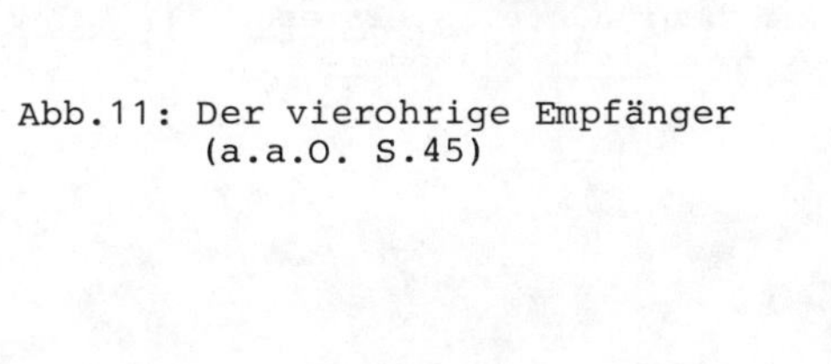

Abb.11: Der vierohrige Empfänger
(a.a.O. S.45)

lich die Frau die Beziehungsdefinition des Mannes verwirft. Anders dürfte es sein in einer Beziehung, in der die Regel: "Die Frau ist dem Manne untertan," gilt, die also durch eindeutige Komplementarität gekennzeichnet ist. In diesem Fall wird sie viel eher auf den Appellcharakter der Nachricht reagieren und z.B. schneller fahren.

Unabhängig von diesen Überlegungen jedoch bietet das Nachrichtenquadrat eine gute Möglichkeit, Interaktionsabläufe schnell und praxisrelevant zu erfassen und zu verstehen.

5. Schulen der Familientherapie

Familientherapie ist bis heute noch einem "wundersamen Turm zu Babel" (Hoffman) vergleichbar. Im Unterschied zur Psychoanalyse, die auf einen einzigen genialen Begründer zurückgeht, wurde die Familientherapie gleichzeitig von einer Reihe von Pionieren unterschiedlicher Herkunft initiiert, die eigene Wege gingen (laut Kuhn 1976 ein Anzeichen für einen bevorstehenden Paradigmawechsel). Eine der Möglichkeiten, die Komplexität der Ansätze zu reduzieren, ist eine Aufteilung nach folgenden Gesichtspunkten:

1. Von der Psychoanalyse herkommende Familientherapie (H. Stierlin, H.E. Richter, I. Boszormenyi-Nagy, L.W. Wynne, M. Bowen, J. Framo, T. Lidz, C. Whitacker, N. Ackermann, E. Sperling evtl. auch J. Willi und R. Laing).
2. Strukturelle Familientherapie (S. Minuchin, J. Haley, G. Guntern)
3. Kurztherapien paradoxaler Ausprägung, systemische Familientherapie (M. Selvini-Palazzoli - "Mailänder Schule", hierunter lassen sich auch die Ansätze des MRI[1] - z.B. P. Watzlawick, R. Fisch, J. Weakland subsumieren).
4. Entwicklungsorientierte, erlebnisorientierte, integrative Familientherapie (V. Satir, D. Jackson, W. Kempler, R. McClendon, M. Kirschenbaum, M. Bosch)
5. Andere, z.B. verhaltenstherapeutische (K. u. A. Mandel, R. Libermann), kognitive (Russel), individualpsychologische (z.B.

---

1) MRI: Mental Research Institute in Palo Alto. Am MRI arbeiteten und forschten eine Reihe namhafter Familientherapeuten, u.a. D. Jackson, der das MRI begründete, G. Bateson, J. Haley, V. Satir, J. Riskin, J. Weakland, J. Bell.

Ackerknecht, Titze) usw.

Dabei sollte nicht vergessen werden, daß es sich bei diesem Ordnungsversuch um eine (und nicht um die) mögliche Aufteilung handelt, die z.T. auch künstliche Trennungen schafft. Es fallen auf diese Weise nämlich die Vernetzungen innerhalb der "Schulen" unter den Tisch: So arbeitete V. Satir lange Zeit eng zusammen mit M. Bowen, J. Haley, S. Minuchin und anderen (vgl. Jürgens, Stahl 1982), und die Gruppe um H. Stierlin übernahm wiederum viele Impulse von S. Minuchin und M. Selvini-Palazzoli.

Jede Schule steht vor der schwierigen Aufgabe, das Spannungsfeld von Struktur und Inhalt von Systemen zu erfassen. Die an der Systemorganisation orientierten Familientherapieformen - die strukturellen und paradoxalen Ansätze - haben das Problem so angepackt, daß sie ausschließlich auf die Struktur achten und an ihr ansetzen. Welche Dynamik inhaltlich sich in der Familie abspielt, welche Gefühle die einzelnen bewegen, ist von sekundärem Interesse. Anders bei psychoanalytisch orientierten Modellen. Hier steht die Art des Konflikts, der Inhalt der über Generationen überlieferten Aufträge und Auftragskonflikte im Vordergrund, und gleichzeitig wird versucht, die Organisation der Familie in die Beobachtung miteinzubeziehen.

Der integrative Ansatz, der ja auch erlebnisorientiert genannt wird, versucht ebenfalls, eine Verbindung von gefühlsmäßigen Inhalten und systemischer Struktur zu schaffen. Hier sind die Grundgedanken der humanistischen Psychologie - Wachstum, Selbstaktualisierung, das Erleben jedes Einzelnen und Eigenverantwortung die inhaltlichen Bezugspunkte (vgl. Satir, Schneider 1983).

5.1. Von der Psychoanalyse herkommende Familientherapie

In Deutschland finden wir hier vor allem zwei Vertreter: Helm Stierlin und Horst Eberhard Richter. - Ich werde als Beispiel dieser Richtung das Modell von Helm Stierlin darstellen, der ein recht klar abgrenzbares theoretisches Modell formuliert (Stierlin 1975, 1978, Stierlin et al. 1980[2], 1980). Stierlin ist Psychoanalytiker und setzt sich in seinem Werk stark mit Freud auseinander. Seiner Meinung nach war es die Folge einer therapeutischen und dann auch theoretischen Krise in Freuds wissenschaftlicher Entwicklung, daß er sich von der Familie abgewandt und den Fokus der Neurosengenese mehr und mehr im intrapsychischen Drama seiner Patienten gesehen hat als in dem realen Drama der Familie. (Vielleicht ist die Geschichte von der Patientin bekannt, die angab, von ihrem Vater verführt worden zu sein, bis sich dann herausstellte, daß dies aufgrund des frühen Todes des Vaters überhaupt nicht möglich sein konnte).

Stierlins Ziel ist es, Verbindungen von systemischem und psychoanalytischem Denken herzustellen. Er verlagert den Blickpunkt von der innerpsychischen auf die innerfamiliäre Dynamik. Der psychoanalytischen Grundregel: "Sagen Sie alles, auch das Unangenehme und anscheinend Triviale, das Ihnen in den Sinn kommt" wird dann die familientherapeutische Grundregel gegenübergestellt: "Konfrontieren Sie so mutig wie möglich die Dinge, über die Sie bisher nicht zu sprechen wagten, z.B. Familiengeheimnisse, enttäuschte Erwartungen, vorenthaltene Gerechtigkeit."

Sein System basiert auf zunächst vier grundlegenden Gesichtspunkten:

1. Die bezogene Individuation
2. Die Interaktionsmodi von Bindung und Ausstoßung
3. Die Delegation
4. Die Mehrgenerationenperspektive von Verdienst und Vermächtnis, denen Stierlin später (1979) noch eine fünfte anfügte:
5. Der Status der Gegenseitigkeit

5.1.1. Bezogene Individuation

Dieser Begriff vereint zwei grundlegende Prinzipien menschlicher Entwicklung, nämlich Differenzierung und Integration: einmal die Ausbildung individueller Eigenschaften und psychologischer Grenzen, die Individuation, und zum anderen die Bezogenheit auf ein Gegenüber. Die Gefahren der Individuation liegen entweder in der Überindividuation - die Abgrenzung gegen andere ist zu starr und dicht, Unabhängigkeit verwandelt sich in Isolation, Getrenntheit in ausweglose Einsamkeit - oder Unterindividuation, dort ist die sichere Abgrenzung mißlungen, die Grenzen sind zu weich, durchlässig und brüchig.

Bei der Bezogenheit geht es im Grunde darum, inwieweit ein Mensch ein abgegrenztes Individuum ist, das in der Deutlichkeit und Flexibilität seiner Grenzen zu Kontakt mit anderen Menschen fähig ist. Ein höheres Niveau an Individuation erfordert nach

Stierlin auch ein jeweils höheres Niveau an Bezogenheit. Bezogene Individuation erlaubt es, uns in verschiedenen zwischenmenschlichen Kontexten als getrennt und zugleich bezogen zu erleben, ein dialektisches Konzept menschlicher Beziehungsdynamik.

In der klinischen Praxis finden sich bei Patienten im wesentlichen drei Arten mißlungener bzw. fehlender Individuation:

1) Die symbiotische Fusion (bei fehlender oder zu weicher Abgrenzung): Gefühl des eigenen Selbst, die eigene Geschlechts- oder Berufsrolle verschwimmen mit dem Erleben, den Gefühlen und der Rolle einer anderen Person.

2) Die starre autistische Absonderung, die oft eine paranoid mißtrauische Färbung hat.

3) Das ambivalente Hin- und Herpendeln zwischen den beiden Extremen.

Vor diesem theoretischen Hintergrund lassen sich sowohl Individuen als auch Familiensysteme beobachten. Als Zeichen mangelnder bezogener Individuation in Familien finden wir z.B. die Unfähigkeit, eigene Wünsche, Erwartungen, Gefühle und Ideen von denen anderer abzugrenzen. Positionen lassen sich so nicht bestimmen, und Konflikte bleiben unausgetragen.

5.1.2. Die Interaktionsmodi von Bindung und Ausstoßung

Hier geht es um die Trennungsdynamik zwischen den Generationen, also um langfristig wirkende Beziehungsstrukturen. Verwicklungen und Schwierigkeiten von versuchten oder nicht versuchten, geglückten oder nicht geglückten Trennungen zwischen Eltern und Kindern werden unter diesem Blickwinkel sichtbar (s. bes. Stierlin 1980). Allgemein kann man sagen: Wenn der Bindungsmodus vorherrscht, bleibt das Kind länger und stärker in der Familie gefangen, und seine Trennung von den Eltern verzögert sich. Wenn der Ausstoßungsmodus dominiert, so wird die Trennung von den Eltern beschleunigt; die Folge ist frühreife Autonomie. Bindung und Ausstoßung enthalten ein dialektisches Moment, das auf den Ausgleich dieser beiden Kräfte abzielt: ein gebundenes Kind versucht (oft zeitlebens), aus dieser Gebundenheit auszubrechen und bleibt gleichzeitig in der Regel ein Gefangener der tief verwurzelten und anhaltend fortwirkenden Bindungsstrukturen. Entsprechend erzeugt Ausstoßung ein

Verlangen nach Bindung. Eine solche Bindungssuche scheitert jedoch in der Regel an der Macht der die Ausstoßung bedingenden und erhaltenden tieferen Strukturen.

Stierlin unterscheidet drei Ebenen der Bindung, wobei er Bindung als eine massive Inbesitznahme eines Abhängigen durch z.B. die Eltern, möglicherweise aber auch durch Therapeuten, Gefängniswärter, Chefs usw. definiert. (Er spricht in diesem Zusammenhang von "Seeleneigentum" oder "Seelenversklavung").

a) Es-Bindung, dies ist die affektive Ebene, auf der vor allem kindliche Abhängigkeitsbedürfnisse manipuliert und ausgebeutet werden, was eine abhängige und ansprüchige Haltung beim Kind bewirkt.
b) Ich-Bindung - auf einer hauptsächlich kognitiven Ebene, wo die Eltern das eigene verzehrende "Ich" dem Kinde aufzwingen (Ich weiß besser, was für dich gut ist).
c) Über-Ich-Bindung - dies ist eine Ebene, auf der kindliche Loyalitätsbedürfnisse sowohl genährt als auch ausgebeutet werden - das Kind bleibt hier Gefangener einer intensiven wenn auch unsichtbaren Loyalität und entwickelt ein starkes Verpflichtungsgefühl. Es spürt, daß das psychologische Überleben seiner Eltern allein von ihm abhängt, was eine intensive Ausbruchsschuld zu Folge hat, sollte es jemals (sei es auch nur in Gedanken) eine Trennung versuchen. (Es ist zu fragen, inwieweit Stierlin hier die kausal-lineare Denkweise wirklich verlassen hat. Wenn er von "Gebundenen" und "Bindenden" spricht, bleibt er m.E. einer Sichtweise verhaftet, die Rückbezüglichkeit und Wechselwirkungen nicht wahrnimmt. Vgl. zur Kritik am Stierlin-Konzept auch: Bauriedl 1980).

Beim Überwiegen des Ausstoßungsmodus sieht es anders aus: während die Deprivation des Gebundenen darin liegt, daß Durchsetzungsfähigkeit und Autonomie unterentwickelt bleiben, finden wir hier Vernachlässigungen anderer Art. Das Kind wird zurückgewiesen, ausgestoßen und erfährt von seinen zentralen Bezugspersonen vor allem Kälte, Abweisung und Vernachlässigung. Das zentrale Erleben des Kindes ist hier die Erfahrung, "nicht emotional besetzt", nicht wichtig zu sein. Dieser Modus führt zu früher Selbständigkeit und Autonomie, jedoch evtl. auch zu einer Form von Beziehungslosigkeit und Bindungsunfähigkeit.

Die Frage, ob der Bindungs- oder Ausstoßungsmodus vorherrscht, ist für den analytischen Familientherapeuten von entscheidender Wichtigkeit, denn es bestimmt die Akzentsetzung: Entweder ist er von Anfang an bemüht, eine zu enge Bindung zu lockern, eine "Ent-bindung" zu fördern, oder er muß zunächst einmal eine tragende Bindung herzustellen versuchen und der Bindungslosigkeit entgegenarbeiten.

5.1.3. Delegation

Auch hier findet sich die Dialektik zweier entgegengesetzter Kräfte. Das lateinische Verbum "delegare" vereinigt sie in seiner Doppelbedeutung von auf der einen Seite "aussenden" und auf der anderen Seite "mit einem Auftrag, einer Mission betrauen". Kern des Delegationsgedankens ist die Vorstellung eines Loyaltitätsbandes, das den Delegierenden und den Delegierten miteinander verbindet. Dieses Band bildet sich bereits in der Intimität der frühen Eltern-Kind-Beziehung, besonders in der Mutter-Kind-Beziehung, aus. Delegation muß nicht unbedingt etwas Pathologisches sein, vielmehr oft Ausdruck eines notwendigen und legitimen Beziehungsprozesses: indem wir uns delegieren lassen, erhält unser Leben Richtung und Sinn. Es verankert sich in einer Reihe von Verpflichtungen, die die Generationen überspannt.

Der Delegationsprozeß kann jedoch entgleisen, z.B. wenn sich die Aufträge nicht mit den Talenten, Reserven und Bedürfnissen des Delegierten in Einklang bringen lassen, wenn beispielsweise der nicht so sehr begabte Sohn eines Akademikers um jeden Preis studieren muß. Eine andere Möglichkeit sind sogenannte Auftragskonflikte, wenn die sich von einem oder mehreren Delegierenden erteilten Aufträge sich nicht miteinander vereinen lassen. Ein Mädchen wird z.B. einerseits delegiert, ein tugendhaftes Hausmütterchen zu sein, und soll andererseits geheime mütterliche Wünsche nach sexuellen Aufregungen ausleben.

Besonders problematisch für das Kind ist der sog. Loyalitätskonflikt, der es massiven Schuldgefühlen aussetzt, wenn es den einen delegierenden Elternteil um des anderen willen verraten soll. (Meiner persönlichen Meinung nach finden wir hier eines der wesentlichsten Momente wieder, das auch die strukturelle Familientherapie betont: die Triangulation - vgl. Haley 1980).

Im Delegationskonzept geht Stierlin stärker auf das Moment der Rückbezüglichkeit ein. Die Perspektive, wer "Geber" oder "Nehmer" ist, wer "Ausbeuter" oder "Ausgebeuteter", "Folterknecht" oder "Opfer", wechselt hin und her. In einem Fallbericht schildert er das Beispiel einer Mutter, die als Delegierte ihrer eigenen Eltern ursprünglich großzügig gebend sein wollte und ihren Sohn und auch die anderen Familienmitglieder mit Gaben überschüttete und sie damit gleichzeitig band und ausbeutete. Schließlich entwickelte sich ihr Sohn, der gebundene Delegierte, als der eigentlich Geber. Während er sein eigenes Wachstum und Glück opferte, sicherte er seiner Mutter ihre psychische Selbsterhaltung. Aber indem er zum Geber wurde, wurde er gleichzeitig "Folterknecht" und verwandelte die Mutter zum Schuldner und Opfer, wodurch er sie und sich immer mehr in eine negative Gegenseitigkeit hineintrieb.

Die Verwendung der Begriffe "Folterknecht", "Opfer" usw. halte ich für recht problematisch, da sie - auch in ihrer dialektischen Bezugssetzung - eindeutig lineare Prozesse unterstellen. Das Moment, daß "Folterknecht" und "Opfer" gleichermaßen Gefangene ihrer rigiden Systemregeln sind, wird so nicht deutlich.

5.1.4. Die Mehrgenerationenperspektive von Vermächtnis und Verdienst

Hier geht es um eine transgenerationale Ausweitung des Delegationsprinzips, eine über mehrere Generationen wirkende Bindung, eine Verpflichtung oder einen Zwang zur Rechenschaft.

Beispiel:
Einer jungen Frau wird von ihrer Mutter und von ihrer Großmutter das Vermächtnis aufgetragen, sich für die Befreiung der Frau einzusetzen. Sie kann dieses Vermächtnis nur erfüllen, wenn sie sich beruflich emanzipiert, politisch aktiv wird und dabei etwas Besonderes leistet. Gleichzeitig versucht sie, das ebenfalls tief in der Familientradition verankerte Vermächtnis einzulösen, eine gebende, dienende Mutter vieler Kinder und eine aufopfernde Hausfrau zu sein. Sie gerät hier unausweichlich in einen Auftragskonflikt, der nicht nur sie allein belastet, sondern auch ihre Kinder in Mitleidenschaft zieht, die zwangsläufig ihrerseits vernachlässigt und überfordert werden und möglicherweise auch den Auftrag erhalten, das von der Mutter zu realisierende Vermächtnis zu erfüllen. Stierlin berichtet aus seiner klinischen Erfah-

rung, daß gerade schizophrene Störungen häufig sowohl Ausdruck als auch Folge eines solchen Vermächtnisses gespaltener Loyalität sind. Andere Vermächtnisse können darauf abzielen, die Schande der Ursprungsfamilie auszulöschen, ihre niedrige Abkunft wettzumachen oder für ein an der Familie begangenes Unrecht Rache zu nehmen.

In der Mehrgenerationenperspektive gibt es nun nicht nur den Begriff des Vermächtnisses, sondern auch den des Verdienstes. Es gebe innerhalb der Familienbeziehungen eine sog. "Verdienstbuchführung", wo die Erfüllung oder Nichterfüllung von Vermächtnissen auf den "Verdienstkontenstand" eines Familienmitgliedes angerechnet wird. Seiner Meinung nach ist ein Gefühl, gerecht oder ungerecht behandelt zu werden, Intregrität zu besitzen oder einen Lebenssinn zu haben, hauptsächlich davon bestimmt. (s.a. Boszormenyi-Nagy 1981)

5.1.5. Der Status der Gegenseitigkeit

Es handelt sich hier um eine neue Perspektive, die später ins Heidelberger Konzept eingefügt wurde (Stierlin 1979). Hier ist eine Beziehungsart angesprochen, die Bateson als "symmetrische Eskalation" bezeichnete. Vor allem die negative Gegenseitigkeit, der sog. maligne Clinch, ist in schweren Beziehungsstörungen häufig zu beobachten: "das Tun des einen ist stets auch das Tun des anderen." - Anstatt sich gegenseitig positiv zu bestätigen und anzuerkennen (positive Gegenseitigkeit), werten sie einander ab, und die Möglichkeiten für eine wirkliche Konfrontation und Versöhnung fehlen. Solche Interaktionsformen finden wir in vielen Beziehungsstörungen - beispielsweise zeigen sich viele Sexualstörungen als Folge und Ausdruck eines Machtkampfes - Sexualität wird nicht verwendet, um einander Lust zu bringen und die Beziehung zu vertiefen, sondern als "Waffenarsenal", mittels dessen die Partner einander immer wieder kränken, als Versager, Feigling oder Schwächling demaskieren. In einem solchen Clinch kann es auf die Dauer nur Verlierer geben.

Beziehungsformen, die durch malignen Clinch gekennzeichnet sind, (Stierlin beschreibt dies konkret in Bezug auf Anorexie-Familien) stellen besondere Anforderungen an den Therapeuten, der - ähnlich dem Schiedsrichter im Boxkampf - (daher stammt der Begriff "Clinch") durch aktiven Einsatz den Kampf wieder in Gang zu setzen hat und gleichzeitig die Rolle des Richters vermeiden muß, also: Handeln ohne Angst- und Schuldmacherei (detaillierter: Stierlin 1979).

5.2. Strukturelle Familientherapie

Unter den Punkten 5.2. und 5.3. werden Ansätze referiert, deren gemeinsamer Nenner die ausschließliche Orientierung an der Organisation des Familiensystems und dessen Interaktionen ist. Inhaltliche Prozesse, also: Wie sieht der Konflikt aus, um welche Probleme zentriert er sich, und was empfinden die einzelnen in der Familie? sind von sekundärer Bedeutung.

Der Begriff "strukturelle Familientherapie" wurde von S. Minuchin geprägt und ist am stärksten mit seinem Namen und seiner Forschungsgruppe an der Philadelphia Child Guidance Clinic verbunden. In dieser Klinik arbeitete übrigens auch J. Haley, der seine Vorgehensweise in Abgrenzung zu Minuchin "strategisch" oder "problemlösend" nennt.

Das Vorgehen S. Minuchins ist direktiv und - wie der Name schon sagt - an der Struktur ausgerichtet. Auch seine Grundlage bildet die Systemtheorie, wie sich an den drei Axiomen, die er seinem Modell zugrundelegt unschwer ablesen läßt:

1. Das geistig-seelische Leben ist kein ausschließlich interner Vorgang. Jeder Mensch steht zu seiner Umwelt in einer Wechselwirkungsbeziehung.
2. Veränderungen in der Familienstruktur tragen zu Veränderungen im Verhalten und den innerpsychischen Prozessen der Mitglieder bei.
3. Das Verhalten des Therapeuten, der mit einer Familie arbeitet, wird Teil des Kontextes; Therapeut und Familie bilden ein neues System.

Es ist also unmöglich, objektive Information zu erhalten, da der Therepeut nie nur die Familie sieht, sondern immer die Familie in bezug auf den Therapeuten.

Die Gesamtheit der Familie ist etwas anderes als die einzelnen, sie ist eine Struktur. Die Realität dieser Struktur ist eine andere als die Realität der individuellen Mitglieder. Diese Struktur ist dem Beobachter nicht unmittelbar zugänglich, sondern wird vom Therapeuten erschlossen in einem ständigen Prozeß des Hypothesenaufstellens und -überprüfens. Der Therapeut ist hier dem Beobachter eines Schachspiels vergleichbar, der dessen Regeln nicht kennt, sie aber schrittweise aus der Beobachtung des Spielverlaufs hypothetisieren kann. In der Folge soll der strukturelle Ansatz etwas ausführlicher beschrieben werden.

5.2.1. Das Bild von Familie in der Strukturellen Familientherapie

Im strukturellen Modell hat die Familie vor allem die Funktion, die Mitglieder zu schützen und zu unterstützen in einer Gesellschaft, die extrem hohe Forderungen an die Flexibilität und Wandlungsfähigkeit ihrer Mitglieder stellt. Sie vermittelt ihren Angehörigen Identität (Minuchin nennt sie auch "Matrix der Identität", s. Abb. 12), und zwar über das Gleichgewicht folgender Empfindungen: das Erleben von Zugehörigkeit und das Erleben von Getrenntsein. Diese beiden Empfindungen können erfaßt werden mit dem Konzept der Grenze (s.a. 5.2.2.). Die Grenzen zwischen den Subsystemen müssen so gut abgesteckt sein, daß die Mitglieder des jeweiligen Subsystems ihre Funktionen ohne unzulässige Einmischung von außen vollziehen können (Beispiel: die Oma, die ständig elterliche Anweisungen außer Kraft setzt), aber sie müssen auch Kontakt ermöglichen (z.B. emotionale Nähe und Austausch zwischen Eltern und Kindern über Anweisungen hinaus). Dabei ist die Klarheit und Eindeutigkeit der Grenzen wichtiger als die Zusammensetzung des Subsystems: Wenn im obigen Beispiel die Oma klar in das parentale Subsystem integriert ist (d.h. Elternfunktionen ausüben darf), ist das nicht so belastend, als wenn sie ständig Sabotage betreibt.

Die Klarheit der Grenzen bildet nach Minuchin also einen Indikator für das Funktionieren einer Familie. In dem Spannungsfeld zwischen Zugehörigkeit und Trennung lassen sich nun unendlich viele Möglichkeiten für unausgeglichene Zustände finden. Wir können uns die Extreme in der Handhabung der Grenzen einmal als Verstrikkung und auf der anderen Seite als Isolierung[2] vorstellen.

Die "verstrickte" Familie[3] wendet sich in einem Übermaß sich selbst zu und schafft ihren eigenen Mikrokosmos, die Nähe der Familienmitglieder untereinander nimmt zu. In der Folge verschwinden Distanzen, Grenzen werden verwischt.

Anders ist es in der "isolierten" Familie. Hier werden übermäßig starre Grenzen entwickelt, die Kommunikation über die Grenzen

---

2) Ich wähle diese Übersetzung des Begriffes "disengaged system", da mir die auch gängige deutsche Version "Loslösung" zu sehr mit der Assoziation von Freiheit und Ungebundenheit einhergeht. Tatsächlich ist jedoch in der Isolierung keine Freiheit, vielmehr handelt es sich hier wahrscheinlich auch eher um eine Form besonderer Verstrickung (M. Bosch, mündliche Mitteilung).

3) "Verstrickung" ist eines der Kennzeichen sog. psychosomatischer Familien neben: Überfürsorglichkeit, Starrheit und Konfliktvermeindung (Minuchin 1981).

der Subsysteme hinweg wird schwierig und die protektiven Funktionen der Familie werden behindert.[4)]

Abb. 12 "Die Matrix der Identität" nach Minuchin (1977)

Isolierung	Klarheit	Verstrickung, Fusion
rigide, undurchlässige Grenzen; Loyalität und Zugehörigkeitsgefühl schlecht ausgeprägt; keine Möglichkeit, um Hilfe zu bitten. Größte Angst: Nähe. Protektive Funktionen behindert (u. U. schwere Störung eines Fam.mitgl. nicht beachtet).	Flexible, klare Grenzen. Die Mitglieder der Subsysteme vollziehen ihre Funktionen ohne unzulässige Einmischung von außen. Kontakt mit den Mitgliedern anderer Subsysteme ist möglich.	Diffuse, verwischte Grenzen, Autonomie des einzelnen ist beeinträchtigt. Beschneidung von kognitiv-affektiven Fähigkeiten. Größte Angst: Trennung. Mangelnde Differenzierung der Subsysteme (also u. U. geringe Belastung eines Fam.mitgl. bringt alle ins Schleudern)

Jede Familie und jedes Subsystem kann einem Ort innerhalb dieses Kontinuums zugeordnet werden, wobei es sich nicht um eine Festschreibung, sondern um eine Momentaufnahme handelt. In den meisten Familien finden wir Verhaltensmuster innerhalb der verschiedenen Subsysteme und zwischen den Subsystemen, die den verschiedenen Qualitäten von Grenzen entsprechen. Es scheint jedoch als sicher zu gelten, daß häufige Operationen im Bereich der Extreme mit psychischen und somatischen Beeinträchtigungen einhergehen. Aus dieser Erkenntnis leitet sich die Arbeit eigentlich aller Familientherapeuten ab, innerhalb der Familie für klare Grenzen zu sorgen. (s.a. 7.5.)

5.2.2. Subsysteme und Grenzen

Die Familie vollzieht ihre Funktionen über die Subsysteme, die auf der Grundlage von Generation, Geschlecht, Interessen oder Funktionen gebildet werden. Jeder gehört gleichzeitig verschiedenen Subsystemen an, in denen er unterschiedliche Macht besitzt und unterschiedliche Fertigkeiten erwirbt und ausübt. Die Menschen fügen sich wie in einem Kaleidoskop zusammen, um die Gegenseitigkeit zu erreichen, die den gemeinsamen Umgang ermöglicht. Der Vater muß wie ein Vater handeln, wenn er mit seinem Kind um-

4) Die Nähe zum Stierlin'schen Konzept von Bindung und Ausstoßung ist deutlich (s. 4.1.2.)

geht, das wie ein Kind handelt. Das Kind verzichtet dabei auf die Art von Macht, die es in der Interaktion mit dem jüngeren Bruder hat. Der Vater verzichtet wiederum auf die Macht, die er dem Kind gegenüber hat, wenn er mit seiner Frau zusammen ist.

Subsysteme brauchen, wie gesagt, deutliche Grenzen, um der Familie ein angemessenes Funktionieren zu ermöglichen. Der Begriff der Grenze ist für den strukturellen Ansatz sehr zentral. Wir können drei Arten von Grenzen unterscheiden, wobei diese Metapher ermöglicht, sowohl die Grenzen der personalen Subsysteme als auch die Grenzen der Subsysteme untereinander und die Grenzen der Familie nach außen zu betrachten:

Flexible, klare Grenze ------------
Rigide, undurchlässige Grenze ————————
Diffuse, verwischte Grenze ....

Vor allem die Generationsgrenzen müssen eindeutig sein. Gleichzeitig müssen sie Kontakt nach außen ermöglichen. Innerhalb der Familie kann es viele Subsysteme geben, aber eines hat eine besondere Bedeutung, nämlich eine doppelte: das der Eltern. Es ist gleichzeitig elterliches und eheliches Subsystem. In beiden Fällen ist hier eine klare Abgrenzung besonders wichtig, um dem Paar die Funktionen zu bieten, die die Ehe hat, nämlich gegenseitigen Kontakt und emotionale Unterstützung. Wenn die Grenze rigide ist, kann das Paar sich isolieren und dadurch belastet sein. Wenn die Grenze diffus ist, können andere Untergruppen wie Kinder oder Großeltern sich in das funktionierende System hineindrängen - deutliches Beispiel: das Kind schläft jede Nacht im Bett der Mutter, die Großmutter mischt sich in die elterlichen Aufgaben ein, hebt sie auf, usw. Hier ist die Aufgabe des Therapeuten, dem elterlich-ehelichen Subsystem zur Abgrenzung zu verhelfen, indem er solche Verhaltensweisen problematisiert, sofern sie angesprochen werden. Innerhalb der Therapiesitzung zeigen sich diffuse Grenzen häufig in Einmischungen eines Dritten in ein Gespräch zwischen zweien, wenn z.B. ein Vater für seine Tochter antwortet (oder umgekehrt). Diese Einmischungen sollten vom Therapeuten konsequent unterbunden werden. (Näheres s. 7.5.)

Elternschaft erfordert immer den Einsatz von Autorität. Eltern können nicht schützen und führen, ohne zugleich einzuschränken und zu kontrollieren. Kinder brauchen eine klare Orientierung, d.h.: Machtausübung seitens der Eltern, die Freiheit in einem klar abgesteckten Gebiet zuläßt. Es ist eine Realität, daß Kindern in einer Situation mit ungleichmäßig verteilter Macht leben, und es ist ein Teil des sozialen Trainings, daß sie in solchen Situationen zu verhandeln lernen. Restriktive Kontrollen finden wir meist bei schwachen elterlichen Subsystemen: übermäßige Kontrolle ist oft da, wo sie gar keine Wirkung hat.

5.2.3. Triangulation

Mit diesem Begriff wird ein Prozeß beschrieben, in dem ein Kind eine signifikante Funktion für Spannungen in einem anderen Subsystem, meist dem elterlichen erhält. Das andere Subsystem, und mit ihm die ganze Familie, erhält seine relative Stabilität über den "Sündenbock" (Vogel & Bell 1969), über eine"Umleitung des Konflikts" (Minuchin 1980). Haley (1980) beschrieb diese formale Struktur, das "ewige Dreieck" wohl am ausführlichsten. Jede Familie läßt sich auf ihre Dreiecksbeziehungen hin untersuchen, Dreiecke finden sich in jeder Familie. Es gibt allerdings Bedingungen, unter denen eine solche Struktur pathologisch wird.[5] Haley spricht dann von "perversen Dreiecken" und zwar, wenn folgende Bedingungen erfüllt sind:

1. Personen, die im Dreieck aufeinander reagieren, sind nicht gleichgestellt, sondern eine von ihnen ist aus einer anderen Generation als die beiden anderen (ich erlaube mir hier, Haley zu ergänzen: es kann durchaus ein perverses Dreieck über drei Generationen hin bestehen, wenn ein Kind z.B. in den ungelösten Konflikt zwischen seiner Mutter und seiner Großmutter hineingezogen wird).
2. In ihrer Interaktion bildet die Person der einen Generation eine Koalition mit einer Person der anderen gegen ihren Gleichrangigen (auch dieses Postulat möchte ich auf eine Mehrgenerationenperspektive hin erweitern).
3. Die Koalition zwischen den beiden Personen wird geleugnet. Das bedeutet: wenn ein bestimmtes Verhalten auf eine Koalition hindeutet, wo wird sie, wenn sie beanstandet wird, als Koalition geleugnet - Haley drückt es formal so aus: "Das Verhalten auf einer Ebene, das darauf hinweist, daß es sich um eine Koali-

---

5) Satir nennt sie destruktive Triaden

tion handelt, wird durch ein metakommunikatives Verhalten modifiziert, welches behauptet, daß keine Koalition besteht."

Insgesamt bedeutet dies, daß in einer perversen Dreierbeziehung die Trennung der Generationen heimlich durchbrochen wird (und dies gilt eben auch für die von mir vorgeschlagene Erweiterung auf die Mehrgenerationenperspektive hin). Wenn dies sich durch Wiederholung als Muster verfestigt hat, ist eine Symptombildung innerhalb des Familiensystems wahrscheinlich.

Haley selbst weist darauf hin, daß die Dreieckssituationen nicht nur innerhalb der Kernfamilie betrachtet werden sollten, da sich in gestörten Familien solche Beziehungen auch in der nächsthöheren Generation wiederfinden, meistens in Form einer ausgesprochen starken Abhängigkeit eines Elternteils von einem Großelternteil. Das Bestehen einer Koalition zwischen einem gestörten Kind und einem Elternteil tritt so oft in Verbindung mit der Koalition eines Elternteils und einem Großelternteil auf, daß man annehmen könnte, sie seien nicht voneinander zu trennen.[6)]

Wenn man Familien in ihre Dreierkomponenten zerlegt, so ergibt sich eine eindrucksvolle Komplexität: in einer dreiköpfigen Familie finden wir ein Dreieck, in einer vierköpfigen bereits vier. Wenn wir zu dieser durchschnittlichen Familie (zwei Eltern, zwei Kinder) noch die Großeltern hinzunehmen, so ergibt diese Gruppe von acht Personen bereits eine Kombination von sechsundfünfzig möglichen Dreiecken. Jedes Familienmitglied ist dabei gleichzeitig an einundzwanzig Familiendreiecken beteiligt (und dabei sind Onkel und Tanten noch gar nicht mit einbezogen). Jedes der 21 Dreiecke trägt die Möglichkeit einer Koalition zwischen verschiedenen Generationen in sich. Besonders kompliziert wird es da, wo sich ein Mensch in der einen Dreiergruppe so verhalten muß, daß dadurch eine andere Dreiergruppierung, der er angehört, nicht gestört wird: beispielsweise wird ein Kind besonders da belastet, wo es im Berührungspunkt zweier miteinander in Konflikt stehender Dreiecke steht: einerseits ist es vielleicht um eine gute Beziehung zu seiner Mutter und deren Mutter bemüht, gleichzeitig stört das seine Beziehung zum Vater und dessen Mutter, weil sich diese beiden Gruppen untereinander wiederum nicht vertragen. Haley schildert in einem sehr eindrücklichen Fallbeispiel, wie in

---

6) Es wäre eine interessante Hypothese zu untersuchen, ob sich diese Struktur in allen Familien mit einem gestörten Kind findet.

einer Familie eines schizophrenen Mädchens alle Familienmitglieder untereinander permanent "perverse Dreiecke" bildeten.

5.2.4. Prozeßdiagnostik in der Familie

Minuchin hat ein pragmatisches Instrument zur Erfassung von Familienstrukturen geliefert. Von Anfang an beobachtet der Therapeut die Familie im Prozeß der Gespräche und stellt Hypothesen über das Funktionieren des Systems auf. Seine Systemhypothese enthält meist Annahmen über die Rolle und Macht jedes Familienmitgliedes innerhalb der Familie, über die Grenzen der Subsysteme, über Konflikte und deren Umleitung sowie über Koalitionen. Koalition ist ein Bündnis von zwei Familienmitgliedern gegen ein drittes. Außerdem bildet er ständig Hypothesen über in der Familie gültige Regeln, die das Verhalten der einzelnen Familienmitglieder innerhalb der Familie festlegen. Diese können einmal Regeln über das beobachtbare Verhalten sein: immer wenn die Eltern beginnen, sich auseinanderzusetzen, macht eins der beiden Kinder Blödsinn, und die Eltern wenden sich ihm zu. Schwieriger ist es Regeln zu erfassen, die den Bereich möglicher Verhaltensweisen beschreiben, den die Familie nicht wahrnimmt. Sie lassen sich häufig durch die Frage erfassen, was in der Familie fehlt: In dieser Familie wird nicht gelacht, oder: Über Gefühle wird nicht gesprochen,usw.

Erweist sich eine Hypothese als falsch, formuliert der Therapeut für sich sofort eine neue, die er überprüft. Wenn eine Hypothese verifiziert ist, bestimmt sie die Richtung seiner therapeutischen Intervention - sei es ein Rollenspiel, sei es die Aufforderung zu räumlicher Distanznahme oder Nähe oder eine therapeutische Verordnung - Hausaufgabe (s. hierzu: Haley 1977).

Der gesamte Therapieprozeß ist in der strukturellen Therapie also dadurch gekennzeichnet, daß der Therapeut ständig dabei ist, einen Lageplan für die Familie zu entwerfen, die vor ihm sitzt, eine "Landkarte", die ihm den Weg in die Struktur der Familie zeigt. Dieser Prozeß kann auch schriftlich erfolgen. Hierzu ist es möglich, sich zum einen der Symbole für Grenzen zu bedienen, die schon dargestellt wurden, und folgender anderer Symbole:

Abb. 13: Die Symbole der Prozeßdiagnostik

Annäherung 

Koalition 

Übermäßiges Engagement 

Konflikt 

verdeckter Konflikt 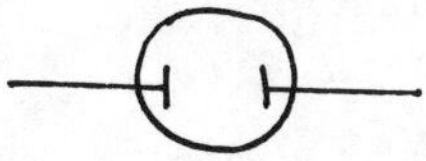

Umleitung eines Konflikts 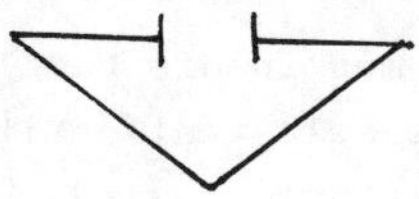

Beispiel eines Familienlageplans:

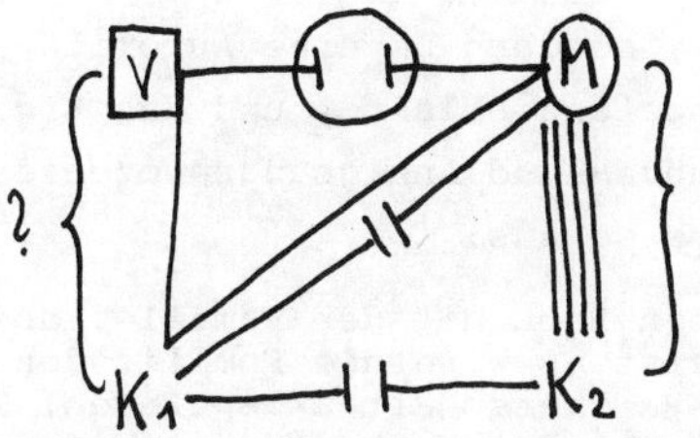

[7]

(Eine solche "Landkarte" hat stets nur hypothetischen Charakter und ist keine Festlegung).
Aus dem Lageplan ergeben sich Strategien, und zwar:
für die intrapersonalen Subsysteme
für die interpersonalen Subsysteme
fürs Gesamtssystem
fürs System im Kontext (Großeltern, wirtschaftliche Situation, soziales Netzwerk etc.).

---

7) vgl. auch das Kapitel 7.6. Familienanamnese und Genogramm

5.2.5. Etablierung des therapeutischen Systems

Der erste Schritt in jeder Familientherapie ist die Formation eines therapeutischen Systems. Guntern (1981, 1983 a) führt folgende Schritte auf, die erfüllt sein müssen, wenn davon gesprochen werden soll, daß Therapie geschieht. Diese notwendigen Bedingungen sind:

1. Therapeut in
2. Therapeut up
3. systemische Problemdefinition
4. systemische Zieldefinition
5. therapeutischer Vertrag

Der Therapeut muß in die Familie aufgenommen werden, Eintritt finden, indem er selbst alle Mitglieder des Systems akzeptiert und von ihnen akzeptiert wird. Die zweite Bedingung, der Therapeut müsse "up" sein, ist ebenfalls von großer Bedeutung (auch in Therapien nach dem entwicklungsorientierten Ansatz). Es geht hierbei nicht um "Amtsautorität", sondern um eine Autorität, die sich aus der therapeutischen Kompetenz ableitet und das Ergebnis eines wechselseitigen Zuschreibungs- und Aneignungsprozesses ist. Minuchin und Fishman drücken dies so aus:

> "Der Therapeut sitzt im selben Boot mit der Familie, aber er muß der Steuermann sein. Meistens wird die Familie den Therapeuten als Führer dieser Partnerschaft akzeptieren. Nichtsdestoweniger muß er sich dieses Recht verdienen. Wie jeder Führer muß er sich anpassen, überreden, unterwerfen, unterstützen, dirigieren, Vorschläge machen und folgen, um führen zu können." (1982, S. 29, Übersetzung von mir)

Es geht letztlich darum, daß alle am therapeutischen System Beteiligten den Therapeuten als kompetent akzeptieren können.

Die systemische Problemdefinition ist eine weitere bedeutsame Variable für die Therapie. Im allgemeinen kommen die Familien mit einer linearen, reduktionistischen Problemdefinition[8]: "Der IP[9] ist unser Problem,bitte, reparieren Sie ihn." - Aufgabe des ersten Gesprächs ist eine Neudefinition dieses Behandlungsauftrages. Dies geschieht durch ein schrittweises Aufzeigen der Beteiligung

---

8) Dell (1980) beschrieb den Zusammenprall der Weltbilder in der Therapie: der "Hopi-Familientherapeut" (mit einer zirkulären Weltsicht) trifft auf die "aristotelischen Eltern"

9) IP, therapeutische "Standardbezeichnung"des Patienten, hat zwei mögliche "Übersetzungen": durch den Begriff "identifizierter Patient" wird der Prozeß der sozialen Etikettierung deutlich gemacht, durch "Indexpatient" die indizierende Funktion: der Patient zeigt: da ist im System etwas nicht in Ordnung!

aller Familienmitglieder am Problem. (Näheres s. Kap. 6.2.)

Die systemische Zieldefinition ist ebenfalls eine bedeutsame Variable. Viele Therapien kranken daran, daß immer auf den negativen Rahmen (problem frame) geschaut wird, ohne daß die Familie sich darüber im klaren ist, welches Ziel sie eigentlich anstrebt (und zwar ein anderes als das ursprüngliche "Reparaturziel"). Problem- und Zieldefinition ergeben den inhaltlichen therapeutischen Vertrag. Darüber hinaus ist ein äußerer, formeller Therapievertrag zu schließen, der festlegt, wie oft Sitzungen stattfinden, wer an ihnen teilnimmt, Bezahlung, äußere Bedingungen usw. Damit ist die Basis für eine Therapie gegeben.

5.3. Kurztherapien paradoxaler Ausprägung

Ausgehend von der Erkenntnistheorie Bateson's und der Kommunikationstheorie des Mental Research Institute, versuchen die Therapeuten dieser Schule, einen rein systemischen Ansatz zu verwirklichen (Selvini Palazzoli 1977, 1981, 1982). Am bekanntesten (und am meisten kopiert) wurde ihr Setting: zwei Therapeuten arbeiten mit der Familie, zwei beobachten die Arbeit durch den Einwegspiegel (inzwischen übrigens nur noch jeweils einer). Die Sitzung wird häufig unterbrochen; Therapeuten und Supervisoren stellen in der Diskussion systemische Hypothesen und Interpretationen auf, die ganz generell zu positiven Bewertungen aller Verhaltensweisen in der Familie führen und häufig in sehr durchschlagenden paradoxen Interventionen ihren Niederschlag finden. Die scheinbare Leichtigkeit dieser Interventionen verblüfft und mag zu vorschnellem Nachahmen verleiten.

Hiervor sei jedoch gewarnt (s.a. 7.4.). Wie M. Bosch (1984) betont, liegt die Arbeit vor allem mit sehr rigiden, paradox strukturierten Familien auf einer sehr hohen Ebene des therapeutischen Könnens und auf einem Schwierigkeitsgrad, den mit Familientherapie noch nicht so vertraute Therapeuten weder verstehen noch lernen können. Der Interessierte findet bei Selvini Palazzoli (1981) Hinweise auf die Art des Vorgehens und die sehr sorgfältige Planung der Interventionen. Ausführlich ist der Ansatz bei Tomm (1984) beschrieben.

5.4. Entwicklungsorientierte Familientherapie

5.4.1. Begriffsklärung und Menschenbild

Unter dieser Oberbezeichnung lassen sich eine Reihe von Richtungen und Strömungen zusammenfassen, die nur schwer voneinander abgrenzbar sind. Von meinem Verständnis her wird eine Fülle von Begriffen synonym verwandt, von denen jeder einen anderen Aspekt hervorhebt, auf dem besonderes Gewicht liegt. So deutet der Ausdruck "erlebnisorientiert" (experiential) auf das Gewicht hin, das dem emotionalen Erleben der einzelnen Familienmitglieder beigemessen wird, den Bedeutungen von Körperreaktionen und Symptomen sowie - auf der Systemebene- dem häufigen Gebrauch nonverbaler Kommunikationsanteile wie Skulpturen (s.7.7.), Rollenspielen usw. Das Bemühen, die Ganzheit des Menschen und seines Kontextes zu erfassen spiegelt sich in der Bezeichnung "integrativ" wider, während mit dem Begriff "Gestalt- Familientherapie" der Fokus dieser Familientherapieform verbunden ist, Bilder der Vergangenheit, Gegenwart und Zukunft zu beachten, so wie sie sich im "Hier-und-Jetzt" manifestieren. Der Ansatz kann auch als "existentialistisch" oder "humanistisch" bezeichnet werden, da dem konkreten Leid und der Verletzbarkeit von Menschen Beachtung geschenkt wird, der Therapeut der Familie als Mensch begegnet und deutlich wird, wer er ist und wo er persönlich berührt ist (s.Duhl 1981).

Bosch (1977) bezeichnet den Ansatz als "entwicklungsorientiert" und zählt alle Therapierichtungen dazu, die phänomenologische Denkansätze verarbeitet haben, -die Individualpsychologie Adlers, die Gesprächspsychotherapie, die Gestalttherapie, die themenzentrierte Interaktion von R.Cohn und die familientherapeutischen Ansätze vor allem Satirs und Kemplers (u.a.).

Hier wird bereits die Verwandtschaft mit der Humanistischen Psychologie deutlich. Alle angesprochenen Verfahren können auch dieser großen psychologischen Richtung zugeordnet werden. Hierzu ein paar kurze Anmerkungen:

> Die Humanistische Psychologie entstand in den 50er Jahren als sogenannte "Dritte Kraft" gegenüber der Psychoanalyse und dem Behaviorismus. Sie ist verbunden mit Namen wie Abraham Maslow, Carl Rogers u.a. Die Idee war damals, daß der Mensch weder ein von Trieben beherrschtes Wesen ist, die es zu kanalisieren gelte, noch eine "konditionierbare Reflexmaschine", sondern ein im Kern gutes Wesen, das aktiv auf die Umwelt ausgerichtet ist und eigenverantwortlich mit ihr interagiert.
> Gleichwertig steht daneben der Glaube an Leben und Lebendig-

keit als das tiefste Ziel des Menschen: sich zu verwirklichen, zu wachsen. Rogers nennt dies "Selbstaktualisierungstendenz des Organismus". Man nennt diese Richtungen daher auch "Wachstumsmodelle". Therapieziel ist immer, daß der einzelne sich in einer ihm gemäßen Weise entfalten kann und seine schöpferischen und produktiven Kräfte optimal einsetzen kann. Wo das ohne große Blockierungen gelingt, ist auch ein relativ symptomfreies Leben möglich. Der Blick auf Störungen in diesem Modell ist daher immer ein Blick auf Störungen im Wachstumsprozeß. Wo in einer Familie Selbstausdruck, d.h. Ausdruck der Individualität des einzelnen, nicht möglich ist, ohne Selbstachtung zu verlieren, kommt es zu Störungen. Störungen sind daher immer (zugleich?) Störungen der Selbstachtung, des Selbstwerts (s.a. 5,3.2.).

Im folgenden möchte ich die Vorstellungen von V. Satir ausführlicher darstellen (vgl. Satir 1973, 1978, Metzmacher et al. 1982). Sie macht drei grundsätzliche Annahmen über die menschliche Natur:

1) "Jeder Mensch trachtet danach, zu (über)leben, zu wachsen und nahe bei anderen zu sein. Alles Verhalten drückt diese Ziele aus, unabhängig davon, wie gestört es erscheinen mag." - Von diesen Gedanken leitet sich her, was wir in "Techniken" als "Reframing" (7.3.) kennenlernen werden: eine grundsätzlich positive Sicht des Menschen, die Symptome als eine Coping-Strategie betrachtet und nicht als Krankheit (so verwendet Satir dieses wie alle anderen Etiketten niemals).

2) "Das, was die Gesellschaft krankes, verrücktes, dummes oder schlechtes Verhalten nennt, ist in Wirklichkeit der Versuch seitens des ge-kränk-ten Menschen, die bestehende Verwirrung zu signalisieren und um Hilfe zu rufen..."

3) "Die Menschen sind nur in dem Ausmaß ihres Wissens, ihrer Weisen, sich selbst zu verstehen, und ihrer Fähigkeit, sich an anderen zu kontrollieren, beschränkt. Gedanken und Gefühle sind untrennbar miteinander verbunden. Der Mensch braucht kein Gefangener seiner Gefühle zu sein, sondern er kann die kognitive Komponente seiner Gefühle dazu benutzen, sich zu befreien. Dies ist die Grundlage für die Annahme, daß ein Mensch lernen kann, was er nicht weiß, und daß er Wege der Stellungnahme oder des Verständnisses ändern kann, wenn sie nicht stimmen." (Satir 1973, S.117)

In diesen Grundannahmen finden wir eine Brücke zur kognitiven Verhaltenstherapie und auch zur rational-emotiven Therapie, nämlich die Betonung der Eigenverantwortung eines jeden Menschen für seine Gedanken und damit für seine Gefühle. Der Mensch ist frei, zu denken und zu fühlen, was er will. Er muß den Weg in diese Freiheit finden.

Der "Paradigmawechsel" stellt sich für Satir als schrittweise Anerkennung dieser wirklichen Natur des Menschen dar. Sie benutzt hier das Beispiel der Sicht von der Erde, die die Menschheit zur Zeit des Columbus hatte im Vergleich zu heute: Damals betrachteten die Menschen die Erde als flach. Columbus warf dieses Paradigma über den Haufen, zunächst mit seiner Behauptung, die Welt sei rund, dann mit dem Beweis, daß sie es ist. Heute stehen wir an einer vergleichbaren Schwelle. Das alte Bild des Menschen ist das von einem "flachen" Wesen. Erst langsam beginnen wir zu verstehen, daß auch der Mensch "rund" ist. Diese Erkenntnis drückt sich für Satir auf folgenden vier Dimensionen aus:

1) Die Definition von Beziehung
2) Die Definition des Menschen von sich selbst
3) Die Erklärung von Ereignissen
4) Sichtweisen von Veränderung

zu 1) -Definition von Beziehung

Solange Menschen Beziehungen als hierarchisch erleben, gibt es nur vertikale Beziehungen, keine Begegnung. Ich kenne dieses: "Ah, ich bin besser" oder "Oh, ich bin schlechter", die vertikale Sicht von Beziehung von mir selbst. Wir lernen eine solche Art von Beziehung ganz früh in unserem Leben: als Kinder. Wir alle wurden klein geboren. Wenn man bedenkt, daß wir unsere Bilder von Interaktion in Positionen erlernen, in denen wir als kleine zu Erwachsenen aufschauen, so ist verständlich, daß sich so viele Leute ihr Leben lang so klein vorkommen; außer sie finden jemanden, der kleiner ist, auf den sie herabsehen können. Nicht selten sind das die eigenen Kinder, und auch dieser Prozeß ist manchmal nur kurz: Nicht wenige Eltern fühlen sich in kürzester Zeit ihren Kindern gegenüber wieder genauso klein. Die Bilder aus früher Kindheit werden zur Grundlage, auf die andere Erfahrungen folgen und diese ändern sich für viele Menschen nicht mehr.In hierarchisch erlebten Beziehungen entwickeln sich Interaktionsmuster von Macht, Unterdrückung und Bedrohung auf der einen,Zorn, Rückzug und Verteidigung auf der anderen Seite, wobei Furcht und Angst die dominierenden Gefühle sind. Als kleine Kinder erleben wir die totale Angst vor "abandonment, rejection or destruction" (Verlassenwerden, Zurückweisung oder Zerstörung). Diese Angst bringt uns dazu, solche Beziehungen nicht zu verlassen ("Wenn ich eigene Schritte wage, werde ich..."). Wir müssen Menschen, die mit solchen Gefühlen zu uns kommen, neue Wege von Beziehungen zeigen, um ihnen zu helfen, von diesen Gefühlen loszukommen, Beziehungen, die gekennzeichnet sind von Intersubjektivität (Marcel), Gleichheit und Anerkennung der Einzigartigkeit des Menschen, eben von horizontalen Beziehungsebenen.

zu 2) Definition des Menschen von sich selbst

Die "flache" Sicht des Menschen von sich selbst ist die eines "Mängelwesens", charakterisiert durch die permanente Erfahrung von Maßstäben und dem Ungenügen daran. "Ich bin zu ..." (groß, klein, faul, fleißig, leseeifrig, lesefaul, böse, gut, aggressiv, feige), "ich sollte ...", "ich sollte nicht ...". Ich trage ein Bild von mir in mir, daß ich so, wie ich bin, nicht o.k. bin. Ich erlebe mich daher ständig defizitär. Daraus resultieren enorme Anstrengungen, eine Persönlichkeit vorzuspielen, die ich gar nicht bin, und enorme Angst davor, als der erkannt zu werden, der ich wirklich bin. Ich kann mich nur wohlfühlen, wenn ich jemand bin, der ich nicht bin, und da ich mich auch dann nicht wohlfühlen kann, habe ich kaum eine Chance.

Wir finden vor diesem Hintergrund Wahrnehmungsverzerrungen (I can't trust anybody, not even myself), die Lüge, auch vor mir selbst ("Du sollst nicht merken"). Die psychiatrische Formulierung für diesen Prozeß ist Manipulation, die psychiatrische Kategorie: Psychopathie (die zum Glück inzwischen abgeschafft wurde). Dagegen setzt sich - meiner Meinung nach noch sehr langsam - ein Bild des Menschen von sich selbst durch, in dem dessen Individualität anerkannt wird, in dem jede Regung, sei sie auch noch so schlimm, wahrzunehmen erlaubt ist. V. Satir sagt hier: "Instead of a box to put it in, we need a pot to let it grow." (it = das Kind)[10)]

zu 3) Erklärung von Ereignissen

Ein Mensch geht im Urwald spazieren, tritt auf eine Bananenschale und bricht sich den Hals. Er wird gefunden, man rekonstruiert den Zusammenhang. Schlußfolgerung: "Bananen brechen Genicke, eßt keine Bananen." Also werden Bananen verbannt.

Das größte Problem bei der Erklärung von Ereignissen im "flachen" Menschenbild ist die Unrevidierbarkeit von Erklärungsmodellen. Virginia Satir nennt dies den Glauben an "jungle stories", die

---

10) "Statt das Kind in einen Kasten zu stecken, brauchen wir einen Topf, um es wachsen zu lassen."

treffende Übersetzung ist vielleicht "Ammenmärchen". Solche Ammenmärchen bestimmen unser Leben da, wo wir den Schritt zu ihrer Infragestellung nicht tun, sondern uns auf einfache, vorgeprägte Muster zurückziehen mit kausalen Erklärungsprinzipien: "Mutter ist schuld, daß ...", "Frauen sind eben weniger wert als Männer", "Bescheidenheit ist eine Zier" oder für Therapeuten: "never touch your patients" usw. Diese Ammenmärchen, in jedem Fall daran erkenntlich, daß wir sagen: "Aha, so ist das also", sind so gefährlich, weil sie die Prämissen unseres Lebens und unserer Arbeit sind. Es handelt sich um unsere Weltbilder, um unsere unhinterfragte Grundeinstellung, an Ereignisse und Wirklichkeit heranzugehen. Unsere Versuche, die Realität mit vorgefertigten Bildern zu bewältigen, werden dieser niemals gerecht, und unsere Versuche, Ursachen zu finden, haben seit jeher viel Unheil gestiftet (vgl. Wettrüsten).

Die systemische Sicht anerkennt die Tatsache, daß Ursachenzuschreibungen unmöglich sind, Kernfrage ist das "Wie" statt das "Warum", die Frage nach dem Prozeß, der Dynamik.

zu 4) <u>Definition von Veränderung</u>

Veränderungen sind im "flachen" Bild vom Menschen bedrohlich. Die Überlebensstrategien sind nicht auf Wachstum, Entwicklung und Selbständigkeit ausgerichtet, sondern auf Manipulation mit dem Ziel der Kontrolle bzw. Erhaltung des Status quo. Im "runden" Bild vom Menschen ist nach Auffassung von <u>Satir</u> dagegen Veränderung erwartet und akzeptiert. Sicherheit beruht auf Bereitschaft, Risiken einzugehen, es geht immer um den Schritt ins Neue, ins Unbekannte, wo man riskiert, hinzufallen - denn man hat immer auch die Fähigkeit, wieder aufzustehen.

Vielleicht ist an dem Menschenbild dieser Richtung bereits ein wenig klar geworden, wie es um die Rolle des Therapeuten steht. Allgemein könnte man sagen, <u>er sollte mehr daran erkannt werden, wer er ist, als was er wie tut</u>. Es geht mehr darum, wie ich als Therapeut mit mir umgehe, es geht um meine Fähigkeiten, Beziehung aufzunehmen, mich einzubringen, offen zu sein, und erst in zweiter Linie um meine technische Vorbildung. Viele Familientherapeuten (<u>Satir</u>, <u>Kempler</u>, <u>McClendon</u>, <u>Kirschenbaum</u>) halten die im Therapeuten aufkommenden Bilder, Vorstellungen, Phantasien, Erinnerungen, körperlichen Sensationen und Stimmungszustände für die wertvollste Quelle therapeutischer Hilfen. Denn jeder Therapeut reagiert auf die Regeln und Prozesse, insbesondere auf die nicht zugelassenen und geleugneten aber höchst gegenwärtigen Phänomene in der Familie.

Es kommt darauf an, daß der Therapeut das einsetzt, was er hat, daß er sich als sein eigenes Instrument verwendet. Hier kommen wir wie von selbst auf das Thema Selbsterfahrung, auf die Bedeutung der Aufarbeitung eigener Traumata und Integration der eigenen Persönlichkeit. Nur das ermöglicht, sich bewußt einzulassen, Begegnung und Intersubjektivität zu verwirklichen.

5.4.2. Selbstwert und Kommunikationsformen

Der Unterschied zwischen Ansätzen, die ausschließlich an der Systemorganisation ausgerichtet sind, und entwicklungsorientierten kann vielleicht am besten so charakterisiert werden, daß die einen vornehmlich das betrachten, was z w i s c h e n den Menschen ist, während wachstumsorientierte Ansätze darüber hinaus auf das blicken, was i m Menschen ist, was sein Wachstum hemmt und ihn hindert, gegenseitig befriedigende Beziehungen aufzunehmen.

Die Struktur einer Familie läßt sich über die Interaktion der Mitglieder erfassen. Andererseits läßt sich die Erkenntnis nicht von der Hand weisen, daß das Innenleben eines Menschen eng mit der Beziehungsstruktur der Familie verbunden ist. Wie ich mich fühle, mit mir umgehe, hat eine direkte Auswirkung darauf, wie ich mit anderen Menschen umgehe und umgekehrt. Es ist also hier nötig, neben der Kommunikation ein zusätzliches Konzept einzuführen. Dies tut Satir wenn sie das Selbstwertgefühl eines Menschen mit seiner Art zu kommunizieren in Beziehung setzt[11]:

> "In der heutigen Zeit habe ich mir einen Namen erworben für das, was ich zu tun versuche, nämlich die Verbindung von drei Begriffen herzustellen: System, Wachstum und Selbstwert.
>
> In meiner Praxis und in meinem Leben stelle ich fest, daß Menschen, die sich selbst als Ganzheit erleben und

---

11) Interessanterweise hat sich inzwischen auch die akademische Psychologie im Zuge der "kognitiven Wende" mit dem Konzept des Selbstwerts beschäftigt, etwa in der Selbstkonzept-Forschung (Filipp, 1979), die die Bedeutung des Selbstwertgefühls für Selbsttheorie und Selbstkonzept untersucht (s.a. den empfehlenswerten Entwurf einer integrativen Persönlichkeitstheorie von Epstein, 1979).

das Gefühl besitzen, selbst etwas wert zu sein, fähig sind, mit allen Herausforderungen des Lebens in schöpferischer und angemessener Weise fertigzuwerden - auch in liebevoller Weise. Wachstum bedeutet, daß das Leben in beständiger Veränderung besteht, und es gibt keine Möglichkeit, das zu unterbinden, so wie der Tag in die Nacht übergeht, die Jahreszeiten einander folgen und sich ein Jahr im nächsten auflöst." (Satir in: Satir, Schneider 1983, S. 15)

Für Satir ist das Selbstwertgefühl der Schlüssel zur Entfaltung des Lebens, ein auf vielen Dimensionen ablesbarer Zustand der Harmonie zwischen Aktivität und Passivität, Tun und Nichtstun usw. Die Aufrechterhaltung dieses Selbstwertgefühls ist für Kind und Erwachsenen von genauso fundamentaler Bedeutung wie es die Aufrechterhaltung einer positiv gefärbten emotionalen Beziehung für das Kind zu seiner Mutter ist. Sobald das Kind die positiven Bewertungen seiner Umwelt verinnerlicht hat, kann es - gleichermaßen wie seine Eltern - spontan mit Liebesentzug und Zuneigung gegen sich selbst reagieren. Dieser Prozeß der Vermittlung von Selbstwertgefühl kann auf viele Weisen beeinträchtigt werden (vgl. Satir 1973 , S. 59 ff.) Menschen, deren Selbstwertgefühl niedrig oder bedroht ist, verhalten sich oft in einer Weise, die dies nicht vermuten läßt. In einer Familie ist oft derjenige am bedrohtesten, der am massivsten angreift.

Satir hat vier grundlegende Kommunikationsformen beschrieben, wie Menschen in der Interaktion mit anderen ihr Selbstwertgefühl schützen, wenn es bedroht ist. Jede dieser Formen ist gekennzeichnet durch eine besondere Körperhaltung, eine spezielle Gestik, begleitende Körpergefühle und eine spezifische Syntax (vgl. vor allem zum letzten: Bandler, Grinder 1981 und Grinder, Bandler 1982).

Mit diesen Formen lassen sich sowohl Individuen, Subsysteme als auch ganze Familiensysteme beschreiben. Es ist sehr wichtig zu betonen, daß es sich dabei nicht um invariante Charakterstrukturen handelt, sondern eher um Streßreaktionen. Menschen und Systeme neigen unter Anspannung mehr oder weniger stark dazu, sich einer Kommunikationsform zu bedienen. Als Abstraktionen haben sie modellhaften Charakter und ersetzen nicht den persönlichen Kontakt und die individuelle Auseinandersetzung des Therapeuten mit den Menschen. Auf der anderen Seite erleichtert eine gute Kenntnis der Kommunikationsformen die Erkennung der Interaktionsmuster, bietet eine Möglichkeit, sich schnell zu orientieren und Vermutungen über das der Kommunikation zugrundeliegende Empfinden, den Umgang der einzelnen mit ihrem Selbstwertgefühl aufzustellen. Auf der Systemebene tendieren alle vier Formen zur Entwicklung eines geschlossenen Systems, das Satir folgendermaßen beschreibt (1975, S. 145 ff.):

> "Selbstwert: gering
> Kommunikation: indirekt, unklar, unspezifisch, inkongruent, anklagend, beschwichtigend, rationalisierend, ablenkend (entwicklungshemmend)
> Regeln: versteckt, unpassend, unmenschliche Regeln bleiben starr, Veränderungen haben sich bestehenden Regeln anzupassen und zu unterwerfen; Einschränkung der Meinungsäußerung.
> Ergebnis: unglücklich, chaotisch, unangemessen, zerstörerisch.
> Der Selbstwert wird immer mehr in Frage gestellt und ist immer stärker auf die Unterstützung durch die Außenwelt angewiesen."

Bosch (1977, S. 302) differenziert noch einmal innerhalb der rigiden Systeme und unterscheidet das geschlossene System vom irrelevanten System, die sie beide wie folgt dem offenen gegenüberstellt:

	Geschlossenes System	Irrelevantes System	Offenes System
Homöostatisches Ideal:	Konstanzerhaltende Feedbackschleifen	Veränderungsprovozierende Feedbackschleifen	Konstanzerhaltende und veränderungsprovozierende Feedbackschleifen
Ziel des homöostatischen Ideals:	Gleichbleibender Zustand des Equilibriums	Desequilibrium	Erweiterung des Potentials in gemeinsamer Verhandlung
Strukturveränderung und abweichendes Verhalten:	Nicht erlaubt	Gewünscht und ermutigt	Manchmal erlaubt und manchmal behindert, um nicht zu rigide oder zügellos zu werden.
Werte, Normen, Erwartungen:	Bemüht, eine harmonische Einheit gemeinsam getragener Werte, Normen und Erwartungen aufzubauen und zu erhalten	Pluralismus der Werte und Erwartungen mit maximaler Freiheit für das Individuum	Gemeinsam ausgehandelt bei situativer Veränderung
Regeln:	Überkommene Prinzipien, Tradition, Gewohnheiten, feste Regeln, Orientierung an richtig und falsch	Instabile Strukturen, Regeln können nach individuellen Bedürfnissen jederzeit geändert werden und sind nicht allgemeinverbindlich	Regeln werden situationsgemäß gemeinsam vereinbart und eingehalten solange als stimmig erlebt
Struktur von Raum:	Umgrenzte, festgelegte Räume	Aterritorial,nicht scharf begrenzte, ineinander fließende Räume	Veränderbarer Gebrauch des Raumes, beweglich

Struktur von Zeit:	Geregelte Zeit, regelmäßiger Umgang mit Zeit Zusammenhänge werden im zeitlichen Bereich verwischt, verallgemeinert, allgemeingültig gehandhabt	Irregulärer Umgang und Rhythmus der Zeit spontanes Planen Jeder soll seinen täglichen Rhythmus selbst finden Übersehen des zeitlichen Zusammenhanges	Variable Zeitplanung und Handhabung klare Unterscheidung zeitlicher Gegebenheiten
Energie:	Vorgeschriebener, gleichbleibender, steter Umgang mit Energie Disziplinierung Reglement gut laufende tägliche Routine, mehr ernste Krisen, häufig durch Unterdrückung, (Ab-)spaltung gelöst oder durch Rebellion, seltener durch Änderung des Energiehaushaltes.	Flukturierende Energie,keine offiziellen Gebote über Gebrauch und Ort des Auftankens oder Spendens von Energie, Zusammenspiel kreativer Imagination,die Mitglieder setzen ein oder entziehen u. ändern ihr Engagement willkürlich, häufige Energiekrisen in der Routine, Tendenz zu Auseinanderfallen und Negieren des Konfliktes.	Energieeinsätze sind elastisch und variabel je nach Kapazität, Änderungen bei Interesse und Bedarf mit Konsens, kleine tägliche Konflikte sind willkommen

Die einzelnen Kommunikationsformen:

5.4.2.1. Erste Kommunikationsform: Versöhnlich, besänftigend, placating[12)]

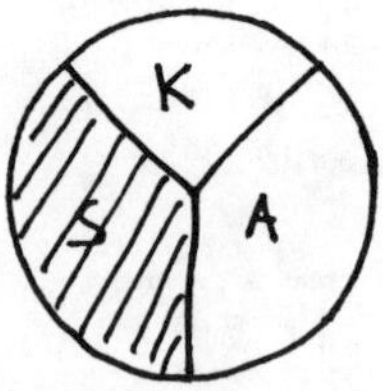

13)

Worte: zustimmend ("Was immer du willst, ist in Ordnung; entscheide du"), entschuldigend, wohlwollend, nie fordernd.
Stimme: leise, weinerlich, vorsichtig, gedrückt.
Auftreten: eher vorsichtig und leise bis zaghaft, rücksichtsvoll.

12) Die Formen sind in Satir 1975 dargestellt. Sie werden dort, sicher nicht im Sinne von Satir in Substantivierungen beschrieben: der Beschwichtiger, der Ankläger, der Rationalisierer, der Ablenkende. Eine solche Diktion legt Assoziationen zu einem Menschen innewohnenden Charakterstrukturen nahe ("Er ist ein Ankläger") und vernachlässigt den prozeßhaften Charakter der Kommunikationsformen. Deshalb versuche ich, sie ausschließlich in Verbformen (Partizipien) darzustellen.

13) Zum Verständnis der Zeichnungen: S=Selbst, K=Kontext, A=der Andere. Die durchgestrichenen Anteile kennzeichnen in den jeweiligen Kommunikationsmustern ausgelassene oder aktiv negierte Anteile.Im Gegensatz zu Bandler, Grinder, Satir (1978), die in den ersten beiden Formen auch den Kontext tilgen, folge ich hier einer Anregung von M.Bosch und streiche nur jeweils S bzw. A.

Körper: Schultern nach vorn gebeugt, im Sitzen eine Hand offen im Schoß, wenig Atmung - Satir ordnet jeder Form eine spezifische Skulpturstellung als Übertreibung und Pointierung zu. Für die versöhnliche Form ist dies folgende:

Abb. 14: Die versöhnliche Haltung
(aus Satir 1975, S. 87)

Syntax: häufiger Gebrauch von Einschränkungen: wenn, nur, ganz, gerade und häufige Verwendung des Konjunktivs: könnte, würde usw. Häufige Störung durch Gedankenlesen.

Selbsterleben: die Person, die ihre Kommunikation überwiegend in der versöhnlichen Art gestaltet, ist von einem Gefühl der Hilf- und Wertlosigkeit geprägt, oft auch des Ausgeliefert- und Beladenseins. Sie versucht, sich nützlich zu fühlen, indem sie für andere etwas tut und für sie lebt. Ohne einen anderen fühlt sie sich als Nichts, daher fürchtet sie ständig, dem anderen lästig zu sein, ihm im Wege zu stehen, ihn durch einen Fehler zu verärgern, von ihm abgelehnt oder verlassen zu werden. Sucht ständig die eigene Schuld, Angst vor starken Emotionen. (Bosch 1977, S. 244)

Therapeutisch: schrittweise Arbeit am Ärger, langsam Ressentiments herausheben. Selbstwertgefühle stärken. Differenzen hervorheben, Risiken übernehmen, Veränderungen anerkennen, Entscheidungen treffen lassen, Symptomverschreibungen, Nein-Sagen, Forderungen stellen, Wünsche äußern, Geduld, langsames Vorgehen, Verantwortung nicht übernehmen. Therapeut muß selbst ein Modell für die Fähigkeit sein, "Nein" zu sagen, Grenzen zu setzen, Risiken zu übernehmen und trotzdem zugewandt zu sein. Eine negative Phase ist hier ein erster Erfolg.

Gefühle des Therapeuten, wenn Distanz zum System verloren: müde, tut viel, Magenschmerzen, vorgebeugt, bedauert sich selbst.

Was passiert beim Empfänger: Es besteht eine hohe Wahrscheinlichkeit, daß der Empfänger von Mitteilungen, die er in der versöhnlichen Art der Kommunikation bekommt

- sich schuldig fühlt (Form 1)
- Mitleid bekommt (Form 1)
- helfen möchte (Form 1)
- schützen möchte (Form 1)
- (sehr) ärgerlich wird (Form 2)
- fordernd reagiert (Form 2)
- Verachtung ausdrückt (Form 2 oder 3)

Aus diesen Reaktionen ist ersichtlich, welch mächtigen Einfluß die versöhnliche Form auf andere Menschen auszuüben vermag (Manipulation über schlechtes Gewissen).

Es ist leicht zu sehen, daß dem Sender durch das Feedback dieser Reaktionen der Spielraum breiter Alternativen für seine nächste Reaktion ebenfalls eingeschränkt wird.[14] In den meisten Fällen verstärken alle Reaktionen seine Haltung. Gelegentlich wird er in die zweite Form überwechseln, viel seltener in die dritte. (Empfängerreaktionen aus Bosch 1977, S. 245)

5.4.2.2. Zweite Kommunikationsform: anklagend, fordernd, blaming

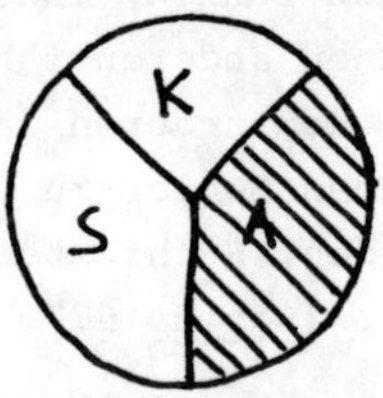

14) Die Absätze "Empfängerreaktion" sind gute Beispiele dafür, wie schwer es ist, zirkuläre Abläufe darzustellen. Natürlich "re"-agieren die Empfänger nicht nur, sondern agieren gleichzeitig wieder als Sender gegenüber dem anderen.

Worte: nicht zustimmend ("Du machst nie etwas richtig"), fordernd, diktatorisch, überlegen, beschuldigend, ablehnend, unterbrechend.

Syntax: häufig Verallgemeinerungen: "jeder", "alle", "nie", "keiner", "jedes Mal", "immer", "du". Verwendung von negativen Fragen: "Warum tun Sie es nicht?", "Wie kommt es, daß Sie ... nicht können?" Zeitliche und situative Zusammenhänge sind oft inkorrekt wiedergegeben oder verbunden.
Stimme: laut, oft schrill, hart, fest.

Auftreten: um anklagend zu wirken, ist es hilfreich, sich vorzustellen, daß man einen beschuldigend ausgestreckten Finger hat, sich nach vorne beugt. Sich um Antworten zu kümmern, ist unwichtig. Stehend eine Hand an der Hüfte (s. Abb. 15).

Körper und Atmung: in kleinen, engen Zügen oder ganz angehalten.

Selbsterleben: im Vordergrund steht der ungeduldige Wunsch, sich und seine Meinung anerkannt zu bekommen. Je mehr Ärger, desto mehr Verlangen. Ständiges Warten darauf, angegriffen zu werden und zu unterliegen. Die Person fühlt sich nicht gehört, völlig

Abb. 15 Die anklagende Haltung (a.a.O. S. 89)

unverstanden, ungerecht behandelt, wertlos, erfolglos, einsam und erlebt tiefen Schmerz. Das alles verstärkt ihr eigenes tiefes Mißtrauen, gleichzeitig fürchtet sie nichts so sehr wie das Erkennen ihrer Schwäche. Angriff ist die beste Verteidigung (vgl. Bosch 1977, S. 246).

Therapie: eigene Grenzen setzen, Ich-Botschaften. Klare Regeln einführen: kein Du, kein Aber, keine Verallgemeinerungen. Destruktive Abläufe unterbrechen, unterbinden. Negatives in Positives übersetzen; Empathie, auf Zuhören achten, wechselseitiges Zuhören in Gang bringen. Je nach Bedarf Körperkontakt und Distanz schaffen. Von eigenen Gefühlen sprechen, schnell und energisch reagieren. Anklage in Bedürfnis übersetzen.

Gefühle des Therapeuten, wenn Distanz zum System verloren: Aggressionen, extreme Spannungen, laute Stimme, Gefühl von Machtkampf, Ärger oder Hilflosigkeit.

Reaktion des Empfängers: der Empfänger von Mitteilungen in der anklagenden und fordernden zweiten Kommunikationsform reagiert in den häufigsten Fällen

- mit Angst oder Furcht (Form 1)
- mit Rückzug (Form 1)
- mit Schuldgefühlen und Bitten oder Flehen (Form 1)
- mit Ärger (Form 2)
- mit Wut (Form 2)
- mit der Unterstellung, der andere wisse genau, was er tue (Form 2)
- mit Kälte (Form 3)
- mit sachlicher Erläuterung (Form 3)

Sofern der Empfänger der ersten Botschaft mit Schuldgefühlen reagiert und zu bitten anfängt, entsteht ein wenig positiver Kontakt zwischen beiden. Reagiert er in der zweiten oder dritten Form, ist es dem Sender unmöglich, irgendeine Art von Verstandenwerden oder Wärme zu fühlen. Die Beziehung gestaltet sich dann leicht destruktiv und vernichtend (aus: Bosch 1977, S. 247).

5.4.2.3. Dritte Kommunikationsform: Intellektualisierend, rationalisierend, computing.

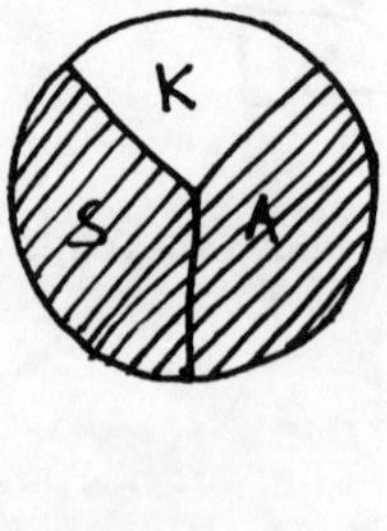

Worte: vernünftig, erklärend, begründend, rechtfertigend; es geht um die Unterscheidung von richtig und falsch.

Syntax: Tilgung der Darstellung von Erlebnisinhalten, d.h. es entfällt oft das Subjekt der aktiven Verben - z.B. "kann gesehen werden" statt "ich sehe" oder: "Es ist störend" statt "Es stört mich". Überhaupt oft: man, es, Leute - Verallgemeinerungen, Nominalisierungen: "Frustration", "Stress", "Spannung" usw. (zu Nominalisierung: s. Bandler, Grinder 1980).

Stimme: oft monoton

Körper:unbewegt, gespannt

Selbsterleben: Angst vor Erregung und Gefühlen, damit verbunden große Angst vor Verlust von Kontrolle und Ausgeliefertsein.

Therapie: Sehr langsam, auf Nuancen achten, auf non-verbalen Ausdruck, Therapeut muß seine Sprache an die des Gegenübers angleichen, denn wenn er zu schnell in die Nähe von Gefühlen kommt, wächst die Bedrohtheit des Gegenübers. Wichtig hier: sehr viel Anerkennung geben und nonverbalen Ausdruck fördern (Skulptur).

Abb. 16: Die rationalisierende Haltung (a.a.O. S.91)

Wenn der Therapeut die Distanz zum System verloren hat, versucht er, die anderen rational davon zu überzeugen, daß es vernünftiger ist, von Gefühlen zu sprechen.

Reaktion des Empfängers: Der Gesprächspartner, der Mitteilungen im Rahmen der dritten Form empfängt, reagiert unterschiedlich, oft

- fühlt er sich gelangweilt (Form 2 oder 4)
- erlebt nichts und verzieht sich (Form 3 oder 4)
- lenkt ab, um Leben und Unruhe zu stifen (Form 4)
- beginnt, ebenfalls Vorträge zu halten (Form 3)
- fühlt sich klein und dumm (Form 1)
- bewundert und verehrt den Sender (Form 1)
- erlebt sich nicht beachtet und macht Vorwürfe (Form 2)

Der Gesprächspartner erlebt sich eventuell für lange Strecken in passive Rollen gedrängt und das Zuhören dann als anstrengend, mühevoll, ermüdend. Reagiert er irrelevant, handelt es sich um einen Versuch, die Langeweile durch Bewegung zu beleben (aus: Bosch 1977, S. 248 f.).

5.4.2.4. Vierte Kommunikationsform: ablenkend, ausweichend, irrelevant

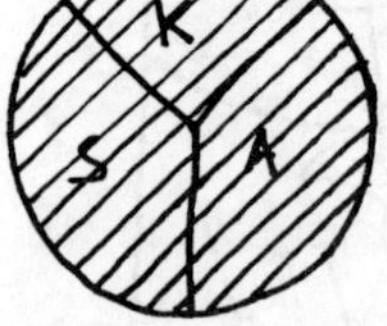

Worte:ohne Beziehung, Clownerien, ausweichend, häufiger Thema- und Akzentwechsel, im Extrem: Worte ergeben keinen Sinn, Vermeidung alles Konkreten, irritierend.

Syntax: rascher Wechsel zwischen den drei ersten syntaktischen Formen, selten direkte Bezugnahme auf das vom Therapeuten Gesagte.

Körper: Eckig und in verschiedene Richtungen weisend (häufig Kinder, die als "minimale zerebrale Dysfunktion" etikettiert worden sind), farbig, auffällig, interessante Aufmachung usw.

Selbsterleben: Sehnsucht nach Kontakt und gleichzeitig große Angst davor, Erleben von Einsamkeit und Sinnlosigkeit, extreme Angst vor Gefühlen, Orientierungslosigkeit. Einziges Ziel: den anderen abzulenken.

Abb. 17: Die irrelevante Haltung (a.a.O. S. 93)

<u>Therapie</u>: leiten, vollständige Transaktionen herzustellen helfen, Focussieren, zu Ende bringen, abschließen, klar bleiben. Wo möglich, körperlichen Kontakt aufnehmen.
<u>Therapeut, wenn Distanz zum System verloren</u>, hat keine einzige vollständige Interaktion hergestellt.

<u>Empfängerreaktion</u>: Die Reaktionen des Empfängers sind sehr unterschiedlich, je nach Verhalten des Senders und entsprechend der Nachvollziehbarkeit seiner Äußerung im Zusammenhang mit der gegenwärtigen Situation. Anfangs reagieren viele Gesprächspartner mit Entspannung, Lachen, Freude, Spaß. Sie lassen sich oft eine Weile mitreißen und genießen den Kontakt, wenn sie selbst eher zu der zweiten oder vierten Form tendieren. Sind sie häufiger Anwender

der ersten und dritten Form, reagieren sie eher zunächst mit zurückgehaltener Bewunderung, bald aber mit Rückzug, Befremden oder Angst. Reagiert der Sender über längere Zeit in dieser Form, beginnen die Partner, die Lust zu verlieren und wenden sich ab. Gestaltet ein Mensch seine Kommunikation häufig irrelevant und stehen andere zu ihm in näherer Beziehung, treten meist bedeutend negativere Reaktionen bei den Zuhörern auf:

- Irritation,Konfusion (Form 1)
- Ängstlichkeit, Furcht (Form 1)
- Befremden, tiefe Enttäuschung (Form 2)
- Ablehnung (Form 2)
- die Tendenz, sich zu entfernen (Form 3)
- Müdigkeit (Form 3)
- Einsamkeit, das Gefühl, unverstanden zu sein und leer auszugehen, Isolation (Form 1)
- Ärger und Haß, der eher den Unterton der Hoffnungslosigkeit hat bis zu plötzlicher ohnmächtiger Wut und Verzweiflung (Form 2)

Es ist äußerst selten, daß Schuldgefühle beim Partner entstehen. Partner, insbesondere Kinder, strengen sich oft sehr an im Versuch, Kontakt aufzunehmen, Vertrauen entgegenzubringen oder eine bestimmte Reaktion des Senders zu bekommen und werden wiederum enttäuscht oder irritiert. Sie retten sich dann ebenfalls in Irrelevanz oder verlassen das Haus, weil sie nichts für sich bekommen können (aus: Bosch 1977, S. 250 f.).

5.4.2.5. Kongruente Kommunikationsform

Die Aufzählung der Kommunikationsformen wäre unvollständig ohne eine Beschreibung der sog. kongruenten Kommunikationsform. Wir sprechen von kongruenter Kommunikation, wenn ein Mensch auf allen Ebenen und Kanälen übereinstimmende Botschaften sendet (vgl. 4.2.). Diese Form ist durch den ausdrücklichen Gebrauch aller Wahrnehmungsbereiche in der Gegenwart gekennzeichnet sowie durch die Möglichkeit, Diskrepanzen wahrzunehmen und anzusprechen. Wirkliche Kongruenz ist nur möglich, wenn der Kontakt zu sich selbst hergestellt ist. Ein offenes Kommunikationssystem definiert Satir folgendermaßen (1975, S. 146 f., vgl. dieses Skript S. 67).

"Selbstwert: hoch
Kommunikation: direkt, klar, spezifisch, übereinstimmend, kongruent (entwicklungsfördernd)
Regeln: offen, entsprechend, menschlich, die Regeln werden geändert, wenn es erforderlich ist; volle Freiheit zur Meinungsäußerung.
Ergebnis: Bezug zur Realität, angemessen, konstruktiv.
Der Selbstwert wird ständig zuverlässiger und zuversichtlicher; er erhält immer mehr Basis in der Persönlichkeit."

Von einem kongruenten System können wir sprechen, wenn wir häufig folgenden Kriterien erfüllt sehen[15]:

1. Aufgaben und Transaktionen werden vervollständigt
2. Die Grenzen innerhalb der Familie und nach außen sind klar
3. Offene und verdeckte Macht sind am gleichen Platz (d.h. bei der gleichen Person)
4. Es gibt Intimität, d.h. die ganze Breite der Gefühle ist verfügbar
5. Konflikte werden als Chancen und als lösbar angesehen
6. Es gibt Individualität - d.h. Unterschiede im Denken, Fühlen und Sein werden akzeptiert und werden als Bereicherung gewertet.
7. Die Mitglieder handeln überwiegend im Hier und Jetzt.
8. Es existiert der Glaube, daß die Beziehungen weitergehen, auch wenn sie sich verändern, das Wissen, daß dies Energie und Arbeit bedeutet, zugleich aber Befriedigung bringt.
9. Die Interaktionen gründen auf positiven "Streicheleinheiten" (Wertschätzung)

5.4.3. Landkarte und Wirklichkeit

Die Beschreibung des Modells möchte ich abschließen mit einer kurzen Erwähnung der Bedeutung, die die Beziehung von "Landkarte und Gebiet" in ihm spielen. Satir folgt hier Bateson (1981, S. 245 ff., 1982 S. 40 ff.), der die Erkenntnis A. Korzybski's (1941), eines Semantikers, aufgriff: "Die Karte ist nicht das

---

15) Quelle: Unterrichtsmaterialien des Instituts für Familientherapie Weinheim

Territorium, und der Name ist nicht die benannte Sache" (1982, S. 40 f.). Vor allem Bandler und Grinder haben sich in der Folge sehr intensiv mit dieser Frage beschäftigt (s. 1980). Alle Autoren weisen vor allem auf folgendes hin: Es besteht ein Unterschied zwischen der "Welt" (was immer das eigentlich ist) und unserer Erfahrung von ihr. ("Das Wort 'Katze' kann uns nicht kratzen" schreibt Bateson 1981 S. 245). Unsere Möglichkeiten, mit unseren Gedanken eine sekundäre Realität zu erschaffen, also probezuhandeln, haben uns ungeheuren Fortschritt eingebracht. Im Gefolge dieses Fortschrittes kommen aber auch dessen Fallgruben, und zwar da, wo wir die Kontrolle im gedachten Raum für eine positiv absolvierte Kontrolle, eine Bestätigung der realen Welt, halten. Es entsteht so etwas wie eine zweite, gedachte Welt neben der Realität. Menschen, die mit Leid in die Therapie kommen, sind im allgemeinen weniger beschränkt in ihren realen Wahlmöglichkeiten, als sie glauben. Aber sie verfügen über ein Modell von der Welt, eine kognitive Landkarte, die ihnen weniger Optionen offenläßt.

Beispiel:

> "Im zweiten Familiengespräch - es geht um die Erwartungen, die die Familienmitglieder aneinander haben - fällt von der Mutter folgender Satz: "Eigentlich ist das wie so'n Kreislauf, das hat denn auch mit Vertrauen auch wieder was zu tun."

Aus diesem Satz lassen sich einige Hypothesen über die kognitive Landkarte der Frau ableiten: "Das ist wie so'n Kreislauf" - sie hält diesen Kreislauf weit weg von sich, beschreibt ihn nicht genauer, erlebt ihn nicht genauer, nur als einen Kreislauf, dem sie unterworfen ist, und an dem sie nur als passiv Leidende anteil hat - man beachte die vagen Formulierungen: eigentlich, so'n.

"Etwas mit Vertrauen zu tun" - in ihrem Weltmodell ist Vertrauen[16] statisch und unveränderbar, etwas, was man "hat", das Bild von vertrauen, Vertrauen schenken als einem wechselseitigen Prozeß ist in ihrem Modell nicht repräsentiert.Auf diese Weise sieht sie sich als jemanden, der hilflos ist, der keine Möglichkeit hat, durch die eigene Beteiligung am Prozeß des Miteinanders etwas an ihrer Lage zu verändern. Sie wartet auf das Vertrauen, das ihr Mann und ihr Sohn ihr geben bzw. nicht geben.

---

16) Bandler und Grinder nennen die Verzerrung eines Prozeßwortes "vertrauen" in ein statisches Substantiv "Vertrauen" Nominalisierung (1980).

Als Therapeut verfüge ich über ein anderes Weltbild (meistens ist meins mit mehr Möglichkeiten versehen als das des Klienten; das muß aber nicht zwingend sein). Ich sehe sie als erwachsene Frau, die nicht darauf angewiesen ist, auf ein wie auch immer geartetes Vertrauen zu warten. Ein Teil der Therapie beruht dann darauf, daß ich mit ihr neue Wege erarbeite, ihr Bild von Wirklichkeit zu ändern. Die konkrete Therapiestrategie hier wäre also nicht, mit Vater und Sohn daran zu arbeiten, der Mutter in ihrem Wunsch nach Vertrauen entgegenzukommen, sondern mit der Mutter Wege zu erarbeiten, das in ihrem Weltbild statisch gewordene Vertrauen wieder in einen dynamischen Prozeß zu verwandeln, an dem sie gleichberechtigt beteiligt ist.

Was folgt aus diesem Beispiel und den theoretischen Überlegungen: Therapie ist immer auch und ganz wesentlich eine Veränderung im Denken von Menschen und damit eine Veränderung der Wahrnehmungsweisen und Interpretationen von Ereignissen bzw. von Wirklichkeit.

5.5. Andere familientherapeutische Richtungen

In einer Vielzahl von Therapieschulen hat sich die Systembehandlung einen Platz erobert. Ich möchte (und kann) sie an dieser Stelle nicht alle aufführen. Interessenten verweise ich auf z.B. von der Verhaltenstherapie her stammende Ansätze (Mandel und Mandel 1971, Libermann 1973, Nitz 1983, Petermann 1983 u.a.), individualpsychologische Familientherapie (Titze 1982, Ackerknecht 1983), kognitive Modelle (Russel et al. 1980) und andere (z.B. Kottwitz 1983, Schmidtchen 1983, Sperling 1983).

6. Erwartungen an den Therapeuten als Person

6.1. Selbsterfahrung

Familientherapie, insbesondere wie sie vom entwicklungsorientierten Ansatz her verstanden wird, besteht weniger aus der Anwendung von Techniken als vielmehr aus der Verwirklichung einer Haltung. Kempler (1975) hält die Anwendung von Techniken sogar für die größte Gefahr für den therapeutischen Prozeß. Auch wenn es sicher polemisch gemeint ist, wenn er als das Handwerkszeug des Therapeuten "gesunden Menschenverstand, das Geschick, ein vertrauliches Gespräch zu führen, und die Bereitschaft zu persönlichem Engagement" bezeichnet, ist doch die Erkenntnis sehr wichtig, daß die Persönlichkeit des Therapeuten sein wichtigstes und wertvollstes Instrument ist - eine Überzeugung, wie sie auch die Gestalttherapie vertritt. Um dieses Instrument sinnvoll und hilfreich einsetzen zu können, ist es erforderlich, daß der Therapeut sich selbst gut kennt, und seine eigene Sozialisation, seine Stellung in der Familie und all die impliziten Bilder, aus denen sein Weltbild zusammengesetzt ist. Erst wenn sie ihm bewußt sind, kann er sie in Frage stellen: - all seine Bilder, seine impliziten Prämissen, seien sie von Ehe, Sexualität, Religion, Körperlichkeit, vom Leben, Denken, Fühlen und Handeln, von Tod und Sterben usw. hat er (sie) in seiner Sozialisation gelernt. Wenn er(sie)sie kennt, mit ihnen umgehen kann, ist die Wahrscheinlichkeit geringer, daß sie mit den Bildern der Menschen, die er (sie) berät, unbewußt interferieren.

Aus einem anderen Grund ist Selbsterfahrung für den Familientherapeuten noch von Bedeutung. Die Gefühle und Bilder, die in ihm während der Therapie entstehen, bilden ein wesentliches Diagnostikum für die Charakteristika des Systems, mit dem der Therapeut konfrontiert ist (vgl. Luthmann, Kirschenbaum 1977). Je genauer er sich selbst kennt ("Aha, jetzt rutsche ich wieder in meine alte Position als Vermittler zwischen den streitenden Eltern"), um so genauer vermag er von seinem persönlichen Anteil an diesen Empfindungen zu abstrahieren und um so exakter wird seine Prozeßdiagnose der Familie. Im allgemeinen setzen daher humanistische Psychotherapieformen ähnlich wie die Psychoanalyse eine umfangreiche Selbsterfahrung des Therapeuten voraus - dies gilt in gleicher Linie für Familientherapeuten.

6.2. Wertschätzung

In einem Modell, das jedes Verhalten, sei es noch so bizarr, als Versuch eines ge-kränk-ten Menschen, um Hilfe zu suchen, begreift, ist Abwertung und Geringschätzung des Gegenübers eigentlich ausgeschlossen. Von daher gehört die bedingungslose Wertschätzung, auch die direkt ausgesprochene, nicht zu den Techniken, sondern ist Teil der therapeutischen Haltung. Es geht hier um Support, um die Schaffung eines freundlichen, stützenden Klimas, in dem alle Äußerungen und Aktivitäten akzeptiert werden bzw. nicht kritisch bewertet werden. Akzeptierung braucht hier nicht Zustimmung zu bedeuten, vielmehr ist es die Bereitschaft des Therapeuten, den anderen anzuhören und zunächst davon auszugehen, daß das, was der andere tut, für den Therapeuten prinzipiell verständlich sein wird, wenn er Hintergründe und Kontext kennt.

6.3. Kongruenz und Selbstachtung

Viele Therapieschulen halten die Selbstkongruenz des Therapeuten für die bedeutsamste Therapeutenvariable, die alle anderen wie selbstverständlich miteinbezieht - es sei hier an das Echtheitskonzept in der Gesprächspsychotherapie erinnert. Auf dieser Basis ist eine große Vielfalt von Interventionen möglich.

Ähnliches gilt für die Selbstachtung. Auf den Zusammenhang zwischen Selbstwertgefühl und kongruenter Kommunikation wurde in Kapitel 5.4. bereits hingewiesen. Über ein gewisses Maß an Selbstachtung sollte ein Therapeut verfügen. Wer ständig mit dem eigenen inneren Abwerter beschäftigt ist, wird es schwer haben, sich nicht auch nach außen gegen ihn zur Wehr setzen zu müssen. Aber auch hier gilt der Satz, den ich auf einem Workshop einmal aufschnappte: "Therapie, das ist die Interaktion zwischen einem erfahreneren und einem weniger erfahrenen Patienten. Meistens ist der Therapeut der Erfahrenere - aber nicht immer!"

7. Schulenübergreifende therapeutische Techniken

Eine wertschätzende und kongruente Haltung des Therapeuten sowie ein systemisches Weltbild sind für die Durchführung von Familientherapie zentral. Vor einem solchen Hintergrund ist eine Fülle von therapeutischen Techniken anwendbar (vgl. Caillè 1983), der Kreativität des Therapeuten sind hier keine Grenzen gesetzt - solange er sensibel ist für die Konsequenzen seines Handelns:

> "Ich gebrauche alles, was paßt, und erfinde etwas Neues, soweit es mir eben möglich ist. So bin ich nicht an irgendeine Art von Technik gebunden; ich betrachte Techniken als zweitrangig und die vom Therapeuten initiierte therapeutische Interaktion und die gesamte Beziehung zu den Leuten als vorrangig." (Satir in: Gester 1982)

Alle Techniken zu beschreiben, ist demzufolge unmöglich -seien es Puppenspiel, Gestaltdialog (leerer Stuhl), das Malen von gemeinsamen Bildern, Video-Feedback, der Einsatz von Musik (s.Canacakis, Schneider 1983)o.ä. Vielmehr möchte ich exemplarisch einige spezifisch familientherapeutische Techniken darstellen -Vollständigkeit ist nicht garantiert.

7.1. Joining, Stockwerkarbeit und netzförmige Interaktion

Viele systemische Denker haben das Leben als "Reigen" oder "Tanz" bezeichnet. Der Therapeut, der sich einer Familie gegenübersieht, ist mit einer besonderen Form von Tanz, von Spiel konfrontiert: einer leiderzeugenden[1]. Joining bezeichnet den Prozeß, mit dem der Therapeut sich auf den Familientanz einstimmt (und schon in seinem Einstimmen die ersten Versuche macht, Schrittfolgen zu ändern. Insofern ist Joining als Kontakttechnik immer auch schon Veränderungstechnik - s. Minuchin und Fishman 1982[4]). Dies geschieht nicht nur zu Beginn der Therapie bzw. der Sitzung (wenn auch dort besonders), sondern ständig. Für Minuchin, der diesen Begriff prägte, hat das Joining auch die Funktion, die Führungsposition des Therapeuten zu etablieren (s. 5.2.5.) und zu festigen (wobei nicht zu vergessen ist, daß seine Funktion, Quelle von Unterstützung und Wertschätzung zu sein, mindestens genauso bedeutsam ist). Er spricht die Familienmitglieder an, lenkt von allgemeinen Themen auf persönlich bedeutsame und trägt damit zur Etablierung einer Beziehungsregel bei, die dem Therapeuten die Führungsrolle einräumt. Joining ist also eine Rahmenbedingung:

> "Joining ist mehr eine Einstellung als eine Technik, es ist der Schirm, unter dem alle therapeutischen Transaktionen ablaufen. Joining heißt, die Familie wissen zu lassen, daß der Therapeut sie versteht und mit ihnen und für sie arbeitet. Nur unter seinem Schutz kann die Familie die Sicherheit haben, Alternativen zu versuchen, das Ungewohnte zu versuchen und sich zu ändern. Joining ist der Klebstoff, der das therapeutische System zusammenhält." (Minuchin und Fishman, 1982, S. 32, Übers. von mir)

Der Therapeut sollte herauszufinden versuchen, mit welchem Thema er den Selbstwert der einzelnen am besten erreichen kann. Das kann der Job des Vaters, die Schule des Kindes, die Fußballbegeisterung der Familie, das Interesse der Mutter für Blumen sein usw. Die beste Möglichkeit, den Selbstwert von Menschen zu erreichen, ist Bestätigung, Anerkennung und Akzeptierung. Hierdurch werden viele neue Beziehungsregeln etabliert, die in restringierten Systemen häufig fehlen, z.B.: "Es ist wichtig und möglich, die positiven Seiten, die Stärken von jedem Menschen zu sehen" usw. So erscheint unter Umständen evtl. bereits zu einem so frühen Zeitpunkt die bestärkte Person den anderen in einem neuen Licht,

---

1) Nicht zu vergessen: innerhalb eines leiderzeugenden "Tanzes" unseres Makrosystems!

einem Licht, das sich mit dem herkömmlichen Abwertungssystem nicht verträgt.

Eine Bestärkung und damit Joining kann auch die einfühlende Reaktion auf die gefühlsmäßigen Erlebnisinhalte eines Familienmitglieds sein (ähnlich dem einfühlenden Verstehen in der Gesprächspsychotherapie). In jedem Fall geht es um eine Haltung, in der sich der Therapeut auf das Weltbild und die Erfahrung seines Gegenübers einstellt: "Vom anderen her lerne die Welt zu begreifen!" (Ringelnatz).

Bosch (1984) weist darauf hin, daß Joining außer auf der personalen Ebene auch auf der Ebene des Gesamtsystems erfolgt. Unbemerkt ist dies eine Form von Anpassung an die Systemregeln, bewußt eingesetzt und kontrolliert ist es eine Voraussetzung für den Aufbau der Behandlung.

Die sog. Stockwerkarbeit, die "Technik des Reihum" (Satir) bildet ebenso wie das Joining eine der unabdingbaren Grundvoraussetzungen. Gemeint ist hier, daß jedes Familienmitglied auf jeder Ebene des Joining und auf jeder Ebene (Stockwerk) der Therapie angesprochen werden muß[2]. Als Ebene gelten hier sowohl Äußerlichkeiten wie Begrüßung, Terminvereinbarung usw. als auch Abmachungen -Kontrakt, Hausaufgaben- genauso aber auch in der Therapie aufkommende Themen und Einzelfragen. Zu der Frage: wie verstehen sich Mutter und Tochter? ist die Stellung jedes Familienmitglieds wichtig (die Metaperspektiven der Einzelnen).

Auf diese Weise erhalten nicht nur Therapeut und Familienmitglieder untereinander eine Menge von Informationen, sondern durch die neutral-freundliche Entgegennahme der verschiedensten Meinungen durch den Therapeuten wird eine implizite Regel eingeführt: verschiedene Sichtweisen sind möglich und gewünscht, die Sichtweise jedes einzelnen ist wichtig für das Ganze. Auf der Beziehungsebene steht also hinter einer solch einfachen Technik ein ganzes Spektrum von Umdefinitionen und Weltbildmodifikationen.

Ein weiterer bedeutsamer Bestandteil familientherapeutischer Techniken ist das Herstellen netzförmiger Interaktionen. Dieses

---

[2] Hier liegt übrigens eine gute Möglichkeit zur Eigensupervision: wenn mir beim Abhören des Bandes deutlich wird, daß ich jemanden auslasse, evtl. chronisch, kann ich die Information als Diagnostikum verwerten (s.Kap.9).

Ziel verfolgt der Therapeut über die ganze Therapie hinweg. Es geht darum, die anfangs sternförmige Interaktion in eine netzförmige zu überführen. Die kann durch Interventionen wie "Sagen Sie es ihm direkt!" geschehen und bis zum Herstellen eines "Szenariums" (Minuchin)gehen, d.h. die Familie erarbeitet ohne Interaktion mit dem Therapeuten gemeinsam ein Ergebnis(s. Abb.18)

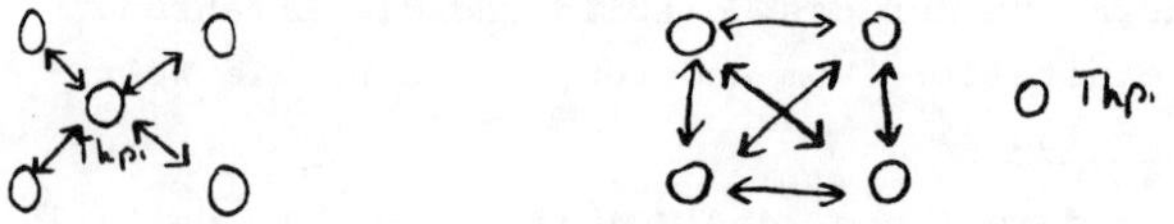

Abb. 18: Sternförmige und netzförmige Interaktion

7.2. Umdefinition des Problems - vom Individuum zum System, Kontrakt

Im allgemeinen sollte im Erstgespräch mit der Familie gemeinsam eine umfassende Neudefinition des Problems vorgenommen werden. I.a. kommt ja die Familie mit der Vorstellung zur Beratung: "Unser Kind ist krank, nicht normal, schwierig." Sämtliche Probleme in der Familie, das Unglück oder die Unzufriedenheit jedes einzelnen sind ausgeblendet, alle starren auf das Problem des Kindes, das gesamte Problemspektrum wird reduziert auf diese eine Störung (womit meist schon eine wesentliche Aussage über die Funktion des Problems gemacht ist). Aufgabe des Therapeuten - besonders im Erstgespräch - ist es, schrittweise die Probleme jedes einzelnen zu erheben.

Eine Möglichkeit ist, hier mit der Frage nach der emotionalen Bedeutung zu beginnen, die das Problem für jeden in der Familie hat, und weiter mit den einzelnen im aktiven Zuhören seinen Anteil am Problem deutlich herauszuarbeiten und dann in der Folge seine Wünsche - was er/sie gern in der Familie verändern bzw. verändert haben möchte.

So ist es beispielsweise möglich, über den Ungehorsam des Sohnes auf die Hilflosigkeits- und Verlassenheitsgefühle der Mutter dem Vater gegenüber zu kommen und wiederum auf seine Resignation gegenüber ihrem Anspruch an ihn. Plötzlich wird das Ineinanderverflochtensein der einzelnen Probleme deutlich, und der Blick weitet sich aus: wir als Familie stehen unter Belastung, uns geht es nicht gut - nicht nur dem einen Kind.

Idealerweise läßt sich an eine solche Umdeutung (Näheres s. nächstes Kapitel) dann eine positive Symptombewertung anschließen: " dann hat - so gesehen - der/die (Name des Symptomträgers) eigentlich für alle etwas getan, nämlich Sie alle hierhergebracht, wo wir gemeinsam an einer Lösung der Familienprobleme arbeiten können." Nicht selten ist eine solche Bewertung von einem systemischen Bezugspunkt her eine ungeheure Entlastung für den Symptomträger, der - natürlich auch selbst - nur den negativen Rahmen für sich kennt.[3] Der nächste sich hieran anschließende Schritt ist die inhaltliche Kontraktformulierung. Ausgehend von der systemischen Problemdefinition, sollte mit jedem einzelnen und mit der Gesamtfamilie ein Kontrakt geschlossen werden über die Ziele, die er/sie in der gemeinsamen Therapie verfolgt und über den Einsatz, den er/sie bereit ist zu leisten. Daran schließt sich dann der äußere Kontrakt (Zeit, Geld, Stundenzahl usw. an) (vgl. auch 5.2.5.).

7.3. Reframing (Umdeutung)

Die Idee des Reframing ist sehr alt. Es gibt sogar einen Meister darin, von dem Familientherapeuten heute lernen können: er heißt Hans im Glück. Schauen wir uns doch dieses bekannte Märchen noch einmal an: Hans im Glück erhält von seinem Meister für sieben Jahre Arbeit einen Klumpen Gold, der ihn auf seinem Wege bald drückt, so daß er ihn gegen ein Pferd eintauscht. Er ist über diesen ungleichen Handel "seelenfroh", bis er vom Pferd geworfen wird. Dieses mißliche Ereignis nimmt er zum Anlaß, das Pferd gegen eine Kuh zu tauschen. Die Kuh tritt ihn bei dem Versuch, sie zu melken, vor den Kopf - gerade in dem Moment, als ein Metzger mit einem Schwein vorüberkommt. Hans tauscht die Kuh gegen das Schwein, zieht weiter und überdenkt, "wie ihm doch alles nach Wunsche ginge; begegnete ihm da eine Verdrießlichkeit, wo würde sie doch gleich wieder gutgemacht".Das Schwein tauscht Hans gegen eine Gans und diese wiederum gegen einen alten Schleifstein. "Ich muß in einer Glückshaut geboren sein, alles, was ich wünsche, trifft mir ein wie einem Sonntagskind" - Vom Tragen der Steine wird er müde und kann nur noch mit Mühe weitergehen. An einem Brunnen legt

3) So sagte mir einmal ein Kind auf die Frage, was es denn selbst tun würde, um sich vom Stehlen abzuhalten, wenn es sein Vater oder seine Mutter wäre :"Schlagen, schlagen, schlagen, so doll, bis ich es endlich kapiere! Irgendwann muß ich es ja mal kapieren!"

er die Steine ab um zu trinken und stößt versehentlich beide Steine in den Brunnen: "Hans, als er sie mit seinen Augen in die Tiefe hatte versinken sehen, sprang vor Freuden auf, kniete darnieder und dankte Gott mit Tränen in den Augen, daß er ihm auch diese Gnade noch erwiesen und ihn auf eine so gute Art ... von den schweren Steinen befreit hätte, die ihm allein noch hinderlich gewesen wären. 'So glücklich wie ich', rief er aus, 'gibt es keinen Menschen unter der Sonne'. Mit leichtem Herzen und frei von aller Last, sprang er nun fort, bis er daheim bei seiner Mutter war." (Zitate aus: Grimm's Märchen)

Was hat Hans gemacht? Er hat sich konsequent reframed: er hat Bedeutungen von Ereignissen, die ihm widerfuhren, in einen anderen Kontext gestellt als üblich. Er erlebte sie nicht im Kontext von Besitz - wie für uns so selbstverständlich - sondern im Kontext von Freiheit. Innerhalb dieses Kontextes war in der Tat jedes Ereignis ein Glück (jeder buddhistische Mönch würde ihm beipflichten). Man stelle sich andererseits vor, einem Menschen mit einer Neigung, die Realität in einem depressiven Rahmen zu betrachten, wäre das gleiche passiert. Er könnte aus dem Verlust des Lohnes für sieben Jahre Arbeit die Rechtfertigung für nicht endenwollendes Leid und Trauer ziehen. So wird an diesem Märchen exemplarisch deutlich, wie wichtig die B e d e u t u n g e n sind, die wir Menschen den Ereignissen, die uns widerfahren, beimessen (vgl. S. 77, 5.4.3. Landkarte und Wirklichkeit)[4]

> "Wir haben es nie mit der Wirklichkeit schlechthin zu tun, sondern immer nur mit Bildern der Wirklichkeit, also mit Deutungen. Die Zahl der jeweils möglichen Deutungen ist groß, subjektiv aber durch das Weltbild der Betreffenden meist auf eine einzige scheinbar mögliche, vernünftige und erlaubte begrenzt. Aufgrund dieser einen Deutung gibt es meist auch nur eine scheinbar mögliche, vernünftige oder erlaubte Lösung ... Hier setzt nun die Umdeutung an und ist dann erfolgreich, wenn es ihr gelingt, einem bestimmten Sachinhalt einen neuen, ebenso zutreffenden oder sogar noch überzeugenderen Sinn zu verleihen, als der Patient selbst ihn bisher gab." (aus: Watzlawick 1977,S.96)

Worauf Watzlawick hier aufmerksam macht, ist, wie durch die "Frames", also die Rahmen, durch die wir die Wirklichkeit betrachten, systematisch Erfahrungen und damit Wahlmöglichkeiten

---

4) Diese Erkenntnis ist das Kernelement vieler Psychotherapieformen, explizit z.B. der rational-emotiven Therapie (RET), der kognitiven Verhaltensmodifikation oder auch der Adler'schen Individualpsychologie.

ausgegrenzt werden. Die Umdeutung konfrontiert viele Menschen oft zum ersten Mal mit der "Möglichkeit des Andersseins" (so der Titel des Buches von Watzlawick 1977) - ob sie stimmt oder nicht, ist daher nur von zweitrangiger Bedeutung. Sie vermittelt so oder so ein Stück Erkenntnis, daß Realität auf verschiedene Weisen betrachtet werden k a n n.

Wenn eine Familie in die Therapie kommt, besteht gewöhnlich ein Konsens darüber, wer der Patient ist, was das Problem ist, meist auch festgelegte Gedanken darüber, wie es gelöst werden sollte. Auch der Kampf des Patienten mit dem Rest der Familie basiert meist darauf, daß er nur über denselben Rahmen der Sicht der Dinge verfügt wie die anderen, und indem er gegen dieses Bild kämpft, bestätigt er es gleichzeitig.

Beispiel: Anfang der 3. Sitzung der Familie E. (V = Vater, M = Mutter, D = Dirk, 10 Jahre, T = Therapeut), Dirk ist der "ungezogene" Junge, der "kaum noch zu bändigen" ist:

V: Wieviele Fehler waren denn da drin? Ich hab'se heute gar nicht gezählt. Da waren doch bestimmt sieben, acht Fehler drin!

D: Mit dem Fehler, den du zugemacht hast! Der überhaupt gar nicht stimmt!

T: Ich möchte mal eben stoppen! Ich kenn' das jetzt ja schon, weiß, wie das läuft, wenn ihr beide euch streitet - oder ihr drei. - Ich erinnere mich, daß wir das letzte Mal mit einem Fragezeichen aufgehört haben: wie stehen wir eigentlich zueinander? ... Da knallt 'ne Autotür, dann schreit der Papa, dann schreit der Sohn und die Mama - irgendwas fehlt, irgendwas ist nicht da, was sonst solche Sachen selbstverständlich sein läßt. Ist das richtig?

V: Ja, der Dirk meint immer, es müßte alles nach seiner Nase gehen!

Hier bietet der Therapeut eine zirkuläre Sicht des Problems an: Ihr streitet miteinander - und: das hängt mit eurer Beziehung zueinander zusammen. Die Reaktion des Vaters zeigt die Festigkeit des Problem-Rahmens: Dirk ist das Problem (im weiteren Gesprächsverlauf zeigt sich, daß die Mutter diejenige ist, bei der die Umdefinition verfangen hat. Sie unterbricht den wieder aufflackernden Streit und lenkt damit das Gespräch auf das fehlende Vertrauen in der Familie). Das Beispiel mag deutlich machen, daß ein Reframing nicht nur in durchschlagenden und verblüffenden Umdeutungen bestehen muß, sondern daß der Familientherapeut ständig seinen therapeutischen Rahmen der Familie gegenüberstellt. Bei jedem Problem, das Individuen oder Familien schildern, ist die Frage möglich: welcher größere Kontext ist denkbar, innerhalb dessen ein

Verhalten, ein Symptom, ein Gefühl sinnvoll wäre und völlig andere emotionale Reaktionen hervorrufen würde? So hätte der Therapeut auch die Möglichkeit gehabt, den Streit der beiden zu unterbrechen und zu sagen:

> "Ich finde das toll, wie ihr beide euch streiten könnt. Da ist viel Leben, Kraft und Aktivität in eurer Familie."

Sicher hätte ein solches Reframing die Sichtweise der Familie noch krasser erschüttert als die eher sanfte Intervention des Therapeuten im obigen Beispiel. Im Kontext von Leben oder Tod, Auseinandersetzung oder Resignation, Kampf oder Dumpfheit erscheint die Sackgasse plötzlich als Fähigkeit, und so hat die Familie sie sicher noch nie betrachtet.

Zum Abschluß dieses Kapitels möchte ich noch ein umfassenderes Reframing darstellen:

In einer Kinderklinik wird der 13-jährige Martin vorgestellt. Die Eingangsdiagnose lautete auf "Akute Schizophrenie" - konkreter Anlaß der Vorstellung waren merkwürdige Ausbrüche in der Schule. Der Junge hatte mehrfach in der Klasse aufgeschrien, war zum Fenster gerannt und klagte über ein "komisches Gefühl im Kopf". Diese Vorfälle hatten sich mehrfach wiederholt, bis er ganz zu Hause blieb. Seine Ängste wurden jedoch auch zu Hause nicht besser. Während er schon vorher sozial isoliert war, isolierte er sich jetzt auch von der Familie. Die Aufnahmesituation zeigte ein Kind, das kaum ansprechbar war, nicht orientiert, sich an den Möbeln festklammerte und laut "Helft mir doch" schrie. Vater und Mutter knieten neben ihm und hielten seine Hand.

Nach der kurzfristigen stationären Aufnahme erfolgte ein Familiengespräch, in dem der familiäre Hintergrund überdeutlich wurde: im Haus der Familie H. leben Vater und Mutter der Mutter, die Eltern Martins und seine 11-jährige Schwester Tina. Der 20-jährige Sohn aus der ersten geschiedenen Ehe des Vaters lebt nicht mehr zu Hause.

Der Vater ist arbeitslos, nachdem er seinen Schlosserberuf hatte aufgeben müssen: er hatte Gesichtsakne bekommen und infolgedessen einen Waschzwang entwickelt. Da er befürchtete, mit öligen Händen an seine Pickel zu geraten, mußte er ständig seine Hände waschen und sein Gesicht pudern. Da er fürchtete, daß er ausgelacht würde, wenn man ihn mit gepudertem Gesicht sähe, mußte er den Puder wieder abwaschen, wobei er mit den Händen ans Gesicht kam und wieder befürchtete, seine Pickel beschmutzt zu haben. Nach der Arbeitslosigkeit arbeitet er jetzt als Gehilfe in der Wäscherei, die seine Frau mit ihrer Mutter gemeinsam leitet. In regelmäßigen Abständen "flippt" er im Alkoholrausch zu Hause aus, randaliert, droht mit Selbstmordversuchen, von denen seine Frau ihn immer wieder im letzten Moment abhält. Frau H. schildert sich als überlastet, ihr wüchsen die Probleme über den Kopf. Die 11-jährige Tochter scheint selbstbewußt und stabil, sie schläft nachts bei Martin, damit er keine Angst hat.

Aus klinik-technischen Gründen war bei dieser Familie nur ein Familiengespräch möglich, in dessen Gefolge der Junge mit der Begründung, jeder in der Familie werde gebraucht, entlassen wird. Mit der Ankündigung eines Briefes und der Vereinbarung eines Termins in drei Monaten wird die Familie entlassen.

Anschließend schreibt der behandelnde Arzt einen Brief, in dem er die massiven Familienprobleme in einen neuen Rahmen stellt. (Wiedergabe des Briefes s. S. 90).

Nach drei Monaten rief Frau H. in der Klinik an: die Ängste des Jungen seien völlig verschwunden, die Probleme zwischen den Eheleuten seien jedoch nach wie vor die gleichen. Eine Empfehlung,in eine Eheberatung zu gehen, nimmt die Frau auf.

Der Brief in diesem Beispiel enthielt keine paradoxe Handlungsaufforderung, sondern nur ein umfassendes Reframing. Diese neue Blickweise der Familienprobleme hat zumindest für Martin die Notwendigkeit, seine Symptome zu zeigen, verringert.

7.4. Paradoxien

Es lassen sich zwei Arten von Interventionen unterscheiden, nämlich die "direkten" und die "paradoxen" (Papp 1982). Die direkten - wie Vorschläge, Aufforderungen, Erläuterungen, Interpretationen - dienen der Öffnung der Kommunikation, dem Zulassen von Gefühlen und persönlichem Feedback, sind also Hilfen für die bewußte Veränderung der Interaktion. Sie sind als Techniken auf Morphogenese (s. 3.3.) ausgerichtet und da angezeigt, wo in der Familie nicht zu starke morphostatische Kräfte der Veränderung entgegenwirken.

Die paradoxe Intervention geht in genau die entgegengesetzte Richtung. Sie ist dadurch definiert, daß sie,

Städtische Kliniken
Kinderklinik
Leitende Ärzte
Prof Dr med
Prof Dr med

27. Mai 1982

Absender Städtische Kliniken Kinderklinik

[redacted]

[redacted]

Liebe Familie H[redacted],

bei unserem letzten gemeinsamen Gespräch war ich sehr beeindruckt davon, wie sehr sich die Familie gegenseitig hilft und unterstützt. Ich glaube, daß es in der Familie ein feines Gespür dafür gibt, wenn es jemandem schlecht geht und daß alle sehr für die anderen Familienmitglieder sorgen.

Das wurde mir erst bei der Mutter ganz deutlich, sie ist so etwas wie der "Manager" der Familie und kümmert sich um tausenderlei Sachen. Die Mutter trägt die Verantwortung für das Geschäft, sie sorgt für die Familie, so hat sie z.B. viel Verständnis für M[redacted] Ängste, weil sie selbst ähnliche Erfahrungen gemacht hat und sie macht sich auch große Sorgen um ihren Mann, daß er sich im Rausch etwas antun könnte.

Besonders beeindruckt war ich von dem Einsatz, den der Vater für die Familie bringt. Der Vater arbeitet für die Familie in einer untergeordneten Stellung und ich glaube, daß er dieses auf sich nimmt, um die Zusammenarbeit und den Zusammenhalt der Familie zu sichern.

Auch T[redacted] sorgt sich sehr um die Familie, ich weiß von ihr, daß sie nachts bei ihrem Bruder schläft, damit M[redacted] ohne Angst schlafen kann und es gibt sicher noch mehr Beispiele. Auch die Oma wird in die Familie einbezogen, damit sie sich wohlfühlt.

Nach dem was ich v-on M[redacted] weiß, bin ich überzeugt, daß auch M[redacted] sich große Sorgen um die Familie macht. Ich glaube, daß M[redacted] Angst hat, die Ehe der Eltern könnte auseinanderbrechen, weil es so oft Streit gibt. M[redacted] glaubt, daß er mit den Angstzuständen erreichen kann, daß die Eltern zusammen bleiben. Dabei nimmt er in Kauf, daß er die Schule versäumt und Freunde verliert, weil es ihm wichtiger ist, den Zusammenhalt der Familie zu sichern.

<u>Aufgabe:</u> Ich möchte, daß T[redacted] diesen Brief zweimal in der Woche der ganzen Familie vorliest und daß die Familie anschließend darüber spricht.

Mit freundlichen Grüßen

Dr. M

> "wenn sie befolgt wird, genau das Gegenteil von dem erreicht, was sie scheinbar erreichen soll. Ihr Erfolg hängt davon ab, daß die Familie den Instruktionen des Therapeuten Widerstand leistet oder ihnen bis zu einem Punkt der Absurdität und des Zurückschreckens (recoiling) folgt. Wenn eine Familie direkte Interventionen kontinuierlich mißachtet, kann als sicher angenommen werden, daß es eine Art von verborgener Interaktion im System gibt, die ihre Wirkung aufhebt - eine geheime Allianz, Wettstreit oder Koalition, die die Familie nicht aufzudecken oder zu ändern wagt. Ziel des systemischen Paradox ist diese verborgene Interaktion, die sich im Symptom ausdrückt. Die drei Haupttechniken bei der Erarbeitung und Anwendung eines systemischen Paradoxes sind: Umdefinition, Verschreibung und Zurückhalten (redefining, prescribing and restraining)." (Papp 1982, S. 246, Übersetzung von mir)

Papp definiert hier auch die Umdeutung, also das Reframing, als Teil der Technik der Paradoxie. Die Übergänge sind in der Tat fließend. In jedem Paradox ist ein Reframing enthalten, der Ansatzpunkt ist beim Paradox jedoch weitergehend, m.E. stärker der Ort des Widerstandes. Mit der paradoxen Intervention stellt sich der Therapeut ganz auf die Seite der Homöostase, unterstützt die morphostatischen Kräfte der Familie und ermöglicht so Veränderung. Dazu ist allerdings eine genaue Kenntnis der Bedeutung des Symptoms für das Gesamtsystem erforderlich.

In einer Familie stellt sich z.B. das Schulversagen des Kindes unter systemischer Sicht so dar, daß es der Mutter ermöglicht, ihre Enttäuschung an ihm festzumachen, wodurch der Vater geschützt ist, der seinen Mißerfolgen im Geschäft durch immer größere Apathie begegnet. Die im Hintergrund drohende Gefahr ist der völlige Zusammenbruch des Vaters, diese wird heftig geleugnet ebenso wie jedes eheliche Mißverstehen.

Hier darf nicht einfach das Symptom verschrieben werden: "Du, Hans, solltest weiter in der Schule versagen und deine Mutter enttäuschen."

In dieser Form fehlt

- die Vernetzung des Symptoms mit dem Gesamtsystem (allen Mitgliedern) und
- die positive Symptombewertung innerhalb des Systems und für das Gesamtsystem (Reframing).

Statt dessen müßte die aufopfernde Rolle des Kindes betont werden (Reframing) und die Bedeutung des Symptoms für das systemische Gleichgewicht, nämlich die Hilfe, die der Familie dadurch zukommt:

Der Vater benötigt seine Zeit, um sich von den Strapazen seines Berufes zu erholen. Darum kann er sich nicht mit der Enttäuschung seiner Frau befassen. Alles sollte also bleiben, wie es ist, auch die Mutter sollte weiterhin über ihr Kind enttäuscht sein, ja jede Veränderung nur Belastungen mit sich bringe, die für die ohnehin genug belastete Familie zuviel sei (ausführlich mit vielen Beispielen: Selvini-Palazzoli et al. 1977).

Mit einer gewissen Achtung kann der Therapeut allen Bewältigungsstrategien der einzelnen Personen begegnen, ihre Vernetzung mit den anderen hervorheben und sich ganz rückhaltlos für ihre Beibehaltung einsetzen. Aus einer systemischen Sicht heraus, die jedes Verhalten, jedes Symptom als kreativen Bewältigungsversuch eines Menschen in einem transaktionalen Feld ansieht, ist eine solche Achtung auch nicht gespielt, ja, darf es gar nicht sein, ohne die Paradoxie zur Farce werden zu lassen. Wie das Reframing drückt auch die Paradoxie eine "systemische Wahrheit" (Wetzel 1981)aus. Der Wirkmechanismus dieser Technik wird dabei oft auch als "therapeutischer double bind" beschrieben:

> "Ihrer Struktur nach ist eine therapeutische Doppelbindung das Spiegelbild einer pathologischen:
> 1. Sie setzt eine enge Bindung voraus, in diesem Fall die psychotherapeutische Situation, die für den Patienten einen hohen Grad von Lebenswichtigkeit und Erwartung hat.
> 2. In dieser Situation wird eine Verhaltensaufforderung gegeben, die so zusammengesetzt ist, daß sie a) das Verhalten verstärkt, das der Patient ändern möchte, b) diese Verstärkung als Mittel der Änderung hinstellt und c) eine Paradoxie hervorruft, weil der Patient dadurch aufgefordert wird, sich durch Nichtändern zu ändern. Damit aber kommt er mit seiner Pathologie in eine unhaltbare Situation. Wenn er die Aufforderung befolgt, so kann er "es" nicht mehr n i c h t tun; er tut "es" absichtlich, wodurch ... "es" unmöglich wird und der Zweck der Behandlung erreicht ist. Wenn er der Aufforderung Widerstand leisten will, so kann er es nur durch nicht-symptomatisches Verhalten tun, wodurch der Zweck der Behandlung ebenfalls erreicht ist.
> 3. Die psychotherapeutische Situation hindert den Patienten, sich der Paradoxie zu entziehen oder sie dadurch zu zerreden, daß er sie zu kommentieren versucht. Obwohl also die Aufforderung logisch absurd ist, ist sie eine pragmatische Realität ; der Patient kann nicht n i c h t auf sie reagieren, doch gleichzeitig kann er auch nicht in seiner üblichen, symptomatischen Weise auf sie reagieren." (aus: Watzlawick 1967, S. 225 f.)

Watzlawick beschreibt hier, wie durch die positive Bewertung und Verschreibung eines Symptoms - falls die therapeutische Beziehung tragfähig ist - die Ursachenzuschreibung auf den Kopf gestellt wird. Der Klient ist nun in das Dilemma gebracht, entweder eine für ihn ärgerliche Definition des Symptoms zu akzeptieren oder aber das Symptom aufzugeben. Die Tragfähigkeit der Beziehung zwischen Familie und Therapeut ist dabei von ausschlaggebender Bedeutung. In der Verunsicherung, die mit der "perceptual crisis" (Papp 1982[4]) einhergeht, kann sonst die Entwertung des Therapeuten ("Der hat ja keine Ahnung" oder "Zu dem gehen wir aber nicht nochmal - wissen Sie, was der uns allen Ernstes geraten hat ...?") die bequemste Lösungsstrategie sein - und damit die Rigidität noch zementieren. Fisher et al. (1982)weisen daher auch darauf hin, daß gerade diese Technik das größte Risiko für Therapieabbrüche in sich birgt - zum Schaden der Familie. Die Autoren warnen darüber hinaus explizit vor der Anwendung bei sog. "chaotischen Familien" mit ständig wechselnden Strukturen, "kindlichen Familien" mit sehr unreifem Verhalten der Mitglieder sowie "impulsiven Familien", deren Mitglieder dazu neigen, Konflikte mit der Gemeinschaft oder der Familie offen auf gesellschaftlich nicht akzeptable oder potentiell gefährliche Weise auszutragen (zu den Typologien s.a. Fisher 1977). In allen Fällen sind Eskalationen denkbar, die nicht zu kontrollieren sind.

So stellt das systemische Paradox die machtvollste und zugleich gefährlichste Interventionstechnik in der Familientherapie dar. Sie ist als manipulatives Vorgehen von vielen Seiten kritisiert worden (z.B. Bauriedl 1980, A. Miller 1981, Clemenz 1983 u.a.). In rigiden Familien finden sich ja auch oft sehr schwere Störungen - so arbeitet z.B. M. Selvini-Palazzoli ja mit Schizophrenen (1977) oder Magersuchtfamilien (1982). Unter einer tiefenpsychologischen Betrachtungsweise hängen aber gerade diese Störungen mit sehr frühen Defiziten im Sozialisationsprozeß zusammen und erfordern eine intensiv nachsozialisierende Form von Therapie. Paradoxe Techniken bieten unter diesem theoretischen Raster dann nur Scheinlösungen. Auch Wynne, selbst Familientherapeut analytischer Ausrichtung, warnt:

> "Eine paradoxe Intervention ist so lange schwierig, als die Ich-Grenzen des Patienten durchlässig, stückhaft oder zusammenhanglos bleiben. So lange gibt es nämlich auch kein System einer Persönlichkeit, das auf eindeutige Weise stabilisiert werden könnte." (1980, S. 45)

Explizit gegen die Arbeiten der Mailänder Schule um Selvini-Palazzoli richtet sich die Kritik von A. Miller, einer Psychoanalytikerin:

> "Die paradoxe Methode von M.Selvini verdankt ihren Erfolg nicht nur kybernetischen Überlegungen, sondern vor allem der Tatsache, daß Patienten erzogene Kinder sind; man muß sich daher kaum wundern, wenn strikte Befehle des Therapeuten bei vielen Menschen mit Begeisterung aufgenommen und ausgeführt werden." (1981, S.49)

Es geht bei dieser Diskussion um nichts weniger als um die Frage danach, was hilfreich und heilsam in Therapie im allgemeinen und Familientherapie im besonderen ist, die "Heilung durch Begegnung" (Stierlin et al. 1980[2]) oder eine "Heilung durch Systemveränderung". Bosch (1984) schlägt ein differentielles Vorgehen für unterschiedliche Rigiditätsgrade von Familien vor.

Letztlich bildet diese Technik für jeden Therapeuten eine Herausforderung für die eigene Standortbestimmung. Sich mit dem Argument aus der Affäre zu ziehen, man manipuliere sowieso und dann doch besser bewußt (Watzlawick 1977), wird der ethisch-moralischen Dimension dieser Fragestellung m.E. nicht gerecht.

Die Literatur zum Thema ist inzwischen unübersehbar. Interessenten verweise ich auf: Bogdan 1982, Fisher et al. 1982, Haley 1978 Kap.8, Papp 1982, 1983, Rosenbaum 1982, Soper und L'Abate 1977, Watzlawick et al. 1967 Kap.7, Weeks und L'Abate 1982, Wynne 1980; ein Überblicksartikel wurde 1976 von Raskin und Klein verfaßt, eine Bibliographie gaben Weeks und L'Abate 1979 heraus. Das ganze Heft 4/1983 der "Zeitschrift für systemische Therapie" befaßt sich mit dem "Mailänder Modell".

7.5. Arbeit an den Grenzen

Binnen- und Außengrenzen sind relevante systemtheoretische und -therapeutische Konzepte (Miller 1978, Minuchin 1977 u.v.a.m.). Die Arbeit daran erfolgt in zweifacher Weise und setzt eine genaue Systemdiagnose voraus (vgl.5.2.2.), also eine Beantwortung der Frage, ob das Ziel der Intervention die Aufweichung starrer Grenzen oder die Verfestigung diffuser Grenzen ist.

Bereits die Art, wie die Familie in der Sitzung ihre physische Nähe und Distanz über die Sitzordnung reguliert, ist ein "soft indicator" (Minuchin) für die Art der Grenzen. Andere sind die Art und Häufigkeit von Unterbrechungen, Unterstützungen, Hilfen, die einzelne Familienmitglieder anderen geben. Ein krasses Beispiel für eine diffuse Grenze zwischen Mutter und Kind erlebte ich in der kinder- und jugendpsychiatrischen Ambulanz: Die Mutter setzte sich auf den Stuhl, auf dem ihr ca. 10-jähriger Sohn bereits saß, nahm ihn in den Arm und zwar so, daß ihre Hand sein Gesicht zudeckte, und sagte: "Ihm geht es ja so schlecht, er traut sich nichts zu, will nicht mit anderen spielen ...(usw.)".

Hier zeigt sich über die Sitzanordnung der beiden (ein Stuhl!), die Körperhaltung und die Sprache (sie spricht für ihn) die Verstrickung (enmeshment) der beiden. Jeder der drei Aspekte kann nun als Ansatzpunkt für eine Intervention dienen, und es ist der Intuition, Systemkenntnis und Behauptungsfähigkeit des Therapeuten überlassen, ob er eher bewußt machen ("Nehmen Sie einmal jeder für sich wahr, wie Sie sitzen und wie Sie sich dabei fühlen"), konfrontativ ("Sie scheinen sein Sprachrohr zu sein") oder handelnd ("Setze dich doch einmal auf den Stuhl auf der anderen Seite des Tisches") und ob er eher bei der Mutter oder beim Kind ansetzt. Minuchin (in Minuchin u. Fishman 1982[4]) bevorzugt drastische metaphorische Konfrontationen wie: "Sie sind der Bauchredner und du die Puppe!" oder: "Deine halluzinierten Stimmen sind nicht deine, es ist die Stimme deines Vaters, die in dir spricht!", wobei diese Konfrontationen natürlich im Kontext von Joining und Kontakt zu allen Familienmitgliedern gesehen werden müssen.

Im folgenden Beispiel einer ca. 30 Sekunden langen Sequenz sind wenigstens 8 grenzschaffende Interventionen enthalten (aus: Minuchin, Fishman 1982[4] S. 150 f., Übersetzung von mir):

(1) "Thp.: Herr K., Sie scheinen anderer Meinung als Ihre Frau zu sein. Reden Sie mit ihr über ihre Meinungsverschiedenheit.
(Gelächter der vier jugendlichen Kinder und der Eltern).

Va: Das ist komisch, weil wir nie miteinander sprechen.
Thp: Nun, Sie müssen es jetzt, um diesen Konflikt zu lösen.
(2) Va (zum Thp.): Ich glaube, daß Jerry - (Thp. zeigt, daß zu seiner Frau sprechen soll. Dieser schaut sie an und spricht weiter zum Thp. Einige Kinder beginnen, unruhig zu werden).
(3,4) Thp.: Nein, sprechen Sie mit Ihrer Frau. Wir hören alle zu, aber Sie müssen mit Ihrer Frau sprechen! (Trennt
(5) mit einer Geste die Eltern von sich und dem Rest der Familie)
Va (zum Thp.): Ich weiß, daß es wichtig ist, aber es scheint -
(6) Thp.: Nein, drehen Sie Ihren Stuhl ein bißchen, so daß es leichter für Sie ist (hilft, den Stuhl zu drehen)
(7) und Sie auch, Frau K. (Dreht ihren Stuhl, so daß sie ihren Ehemann anschaut. In diesem Moment dreht
(8) der Thp. seinen Kopf und schaut aus dem Fenster.

Die Kinder sind ruhig.)
Va: (dreht sich zur Frau und spricht sie an): Es scheint, als ob jedesmal, wenn wir anfangen zu reden, wir dabei landen, Sachen zu sagen, wie -
Mu: (zum Mann): Wer hat denn dabei Recht? Beantworte mir nur das!"

Der Therapeut hat hier energisch auf der Etablierung von flexiblen Grenzen zwischen den Ehepartnern bestanden sowie die Grenze um das eheliche Subsystem gefestigt, indem er mit Worten (1), mit einer Geste (2), mit einer Wiederholung der Worte (3) darauf bestand, daß die Partner sich anschauten. Mit Worten und Gesten schloß er sich und die Kinder aus ("Wir hören alle zu" 4 und 5), bringt die Eltern auch räumlich in Kontakt (6,7), so daß sie den Kindern den Rücken zudrehen und zieht sich schließlich mit einer Geste aus der Dyade zurück (8), in der daraufhin langsam die Auseinandersetzung beginnt. Am Ende dieses Gesprächs kann eine Begründung für sein Vorgehen der Familie auch kognitiv die Bedeutsamkeit eines gut funktionierenden elterlich-ehelichen Subsystems für eine gut funktionierende Familie deutlich machen.

7.6. Familienanamnese, Genogramm

Die Erhebung einer Familienanamnese kann auf viele Arten geschehen. Satir (1979, S.157) schlägt beispielsweise das folgende Schema vor:

MÖGLICHES SCHEMA FÜR DIE AUFNAHME EINER FAMILIENGESCHICHTE

Der Therapeut befragt die Partner

DIE EHEFRAU		DEN EHEMANN
wie sie ihre Eltern, Geschwister, ihr Familienleben sah	←→	wie er seine Eltern, Geschwister, sein Familienleben sah
erinnert sie an den Zeitpunkt, als sie ihren Ehemann kennenlernte	←→	erinnert ihn an den Zeitpunkt, als er seine Ehefrau kennenlernte
fragt nach den Erwartungen, die sie an ihre Heirat knüpfte	←→	fragt nach den Erwartungen, die er an seine Heirat knüpfte

DIE PARTNER:
nach der ersten Zeit der Ehe,
erklärt den Einfluß der Vergangenheit

DIE PARTNER ALS ELTERN:
nach ihren Erwartungen
bezüglich der Elternschaft,
erklärt den Einfluß der Vergangenheit

Fortsetzung s.S.97

DAS KIND:
wie es seine Eltern sieht, ob sie glücklich und froh sind oder sich nicht verstehen

DIE FAMILIE ALS GANZES:
Er bestärkt sie, daß es gut ist, sich zu äußern

Er betont die Notwendigkeit, klar zu kommunizieren

Er gibt Nähe, verabredet ein weiteres Gespräch, vermittelt Hoffnung

Abb. 19: Schema für Familienanamnese

Das Genogramm, auch Geneogramm oder Family-Map genannt, ist eine andere sehr einfache und direkte Form, zu jedem Familienmitglied Kontakt aufzunehmen, und gleichzeitig eine Art Familienanamnese, bei der wichtige Informationen über die Familie gesammelt und für alle deutlich gemacht werden. Es geht dabei um die skizzenhafte Visualisierung wichtiger Familienereignisse und -daten. Angefangen mit Namen, Alter und Heiratsdatum der Eltern, werden Namen und Alter der Kinder auf einer Tafel aufgezeichnet. Hier können schon Gespräche über Geschwisterkonstellationen und deren Bedeutung beginnen. Dazu können für eine Familie und deren Geschichte so wichtige Ereignisse wie z.B. Tod eines Familienmitgliedes, Scheidung, eventuelle Wiederverheiratung der Eltern, Adoption, Umzüge, Unfälle, schwere Krankheiten, Arbeitslosigkeit usw. aufgeführt und sichtbar gemacht werden. Die Transparenz dieser Vorgehensweise wirkt in der Regel angstabbauend. Die Erfahrung zeigt, daß häufig selbst sehr verschlossene und ängstlich zurückgezogene Familienmitglieder auftauen und sich aktiv beteiligen. Insbesondere derjenige, der den Anlaß zur Konsultation gegeben hat, der sog. "identifizierte Patient", findet sich eingebettet in eine Geschichte familiärer Ereignisse und nicht, wie vermutlich erwartet, auf der Anklagebank. Dieser Schritt vom Symptomträger weg bietet wohl auch für die anderen Familienmitglieder ersteinmal eine Entlastung, da er einen radikalen Einschnitt in die gewohnte und belastende Art und Weise des gemeinsamen Umgangs bildet. Gleichzeitig werden bedeutsame Gesprächsregeln etabliert, wie: "Die Sichtweise von jedem ist wichtig, jeder als Person ist wichtig", "Hier wird keiner beschuldigt" usw.

Es gibt verschiedene Möglichkeiten der Nutzung des Genogramms - als Einstieg und um Kontakt herzustellen oder zur Blickfelderweiterung und Ausleuchtung des gesamten familiengeschichtlichen Hintergrundes.

Es sind verschiedene Symbole für die Erstellung von Genogrammen vorgeschlagen worden (Foley 1982[8], McGoldrick&Gerson 1985, DGVT-Mitteilungen 1981). Allen gemeinsam sind folgende Symbole:

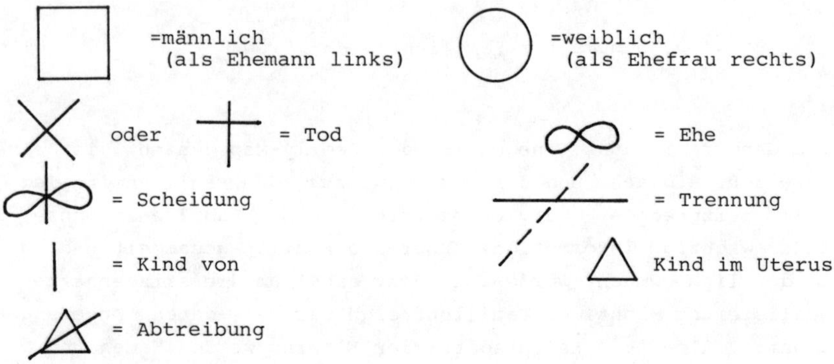

Abb.20: Vorschläge für die Verwendung von Zeichen im Genogramm

Beispiel:

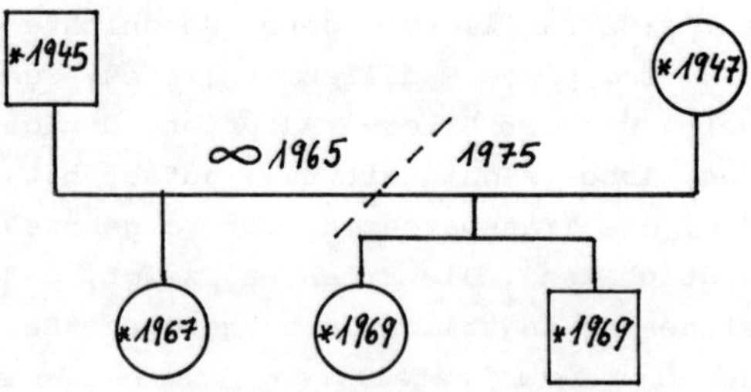

Abb.21: Ein einfaches Genogramm (ohne nähere Daten, ohne Großelterngeneration)

Hier ist eine fünfköpfige Familie beschrieben, die Eltern heirateten früh (die Mutter war erst 18 Jahr), nach zwei Jahren bekamen sie eine Tochter, zwei Jahre später Zwillinge, seit 1975 sind die Eltern getrennt. Im persönlichen Kontakt können noch die Namen der Eltern und Kinder dazugeschrieben werden, Geburtsort, Krankheiten, Wohnungswechsel, Berufe und Aussagen über die Qualität der Beziehungen (wer hat mit wem Kontakt, Streit usw.). "Weiße Flecken" im Genogramm sind oft sehr bedeutsam, vielleicht sogar das Wichtigste.

Die "Landkarte" der Kernfamilie läßt sich bis zu einer Art Familienstammbaum ausweiten: "Wenn du die Gegenwart als das haben willst, was sie ist, so muß die Vergangenheit so weit bearbeitet sein, daß sie die Gegenwart aufhellen kann." (Satir) Die Entscheidung, ob, wann und wie weit mit der Familie weiter zurück in die Vergangenheit gegangen werden kann, läßt sich nur schwerlich grundsätzlich fällen (es sollten i.a. wenigstens drei Generationen beschrieben werden). Sie ist vom jeweiligen Prozeß abhängig. Nicht selten bringt auch ein Elternteil selbst durch einen entscheidenden Hinweis die Aufmerksamkeit auf bedeutsame Ereignisse der eigenen Kindheit und Herkunftsfamilie. Wenn beispielsweise eine Mutter oder ein Vater wichtige Jahre der Kindheit ohne Vater oder auf der Flucht oder unter anderen extremen Lebensbedingungen verbracht hat, so kann dies durchaus für die Erhellung der heute bestehenden Schwierigkeiten bedeutsam sein. Wenn beim Erstellen der "einfachen" Family-Map z.B. ein Elternteil sein Geburtsdatum mit 1938 angibt, so liegt die Vermutung nahe, daß sie oder er durch Bomben, Krieg oder Hunger extremen Belastungen in frühester Kindheit ausgesetzt war.

Unabhängig davon, wie intensiv ich als Familientherapeut hier in die Familiengeschichte hineingehe oder sie nur streife - ich beginne, die Familie in ihrem räumlich-zeitlichen Kontinuum zu begreifen, allein dadurch, daß ich die Vorgeschichte der Eltern, die räumlichen Veränderungen und alle frühen Ereignisse der Familie, die scheinbar nichts mit dem Symptom des Kindes zu tun haben, hervorhebe und Interesse daran äußere (s.a. Metzmacher et al. 1982, Guerin und Pendegast 1976, Foley 1982[8], DGVT-Mitteilungen 1981).

Die Aufarbeitung der Geschichte der eigenen Familie spielt vor allem in der Ausbildung von Familientherapeuten eine große Rolle. In der sog. "Familienrekonstruktion" nach Satir werden kritische Punkte in der Familiengeschichte beleuchtet und in Skulptur oder psychodramatischem Rollenspiel zur Prägnanz gebracht. Für den Protagonisten (also den, um dessen Familie es geht) ist eine solche Rekonstruktion eine Art von Reframing: Er sieht Verhaltensweisen seiner Verwandten in einem völlig neuen Licht, nämlich unter dem Bezugsrahmen der Vergangenheit.

7.7. Familienskulptur

Bei der Familienskulptur werden die familiären Beziehungen in Haltungen und Positionen dargestellt. Sie "unterläuft" auf diese Weise viele an Sprache gebundene Abwehrphänomene wie Rationalisierungen oder Intellektualisierungen. Das ermöglicht ein unmittelbareres Vordringen zu den eigentlichen Themen der Familie.

Im allgemeinen ordnet ein Familienmitglied oder auch der Therapeut die ganze Familie räumlich so an, daß sich eine aus seiner Sicht stimmige Repräsentation der emotionalen Beziehungen der Familienmitglieder ergibt. Das so entstandene Standbild gleicht der Arbeit eines Bildhauers, der eine Skulptur angefertigt hat. Sofern sie nicht nur die Funktion eines Feedbacks hat, muß sie von den betroffenen Personen als stimmig bestätigt werden. Diskrepante Wahrnehmungen anderer Personen sollten dann durch Veränderungen der Skulptur verdeutlicht werden (s.u.: Beispiel).

Die Grundelemente der Skulptur können,der Intuition des Therapeuten und dem emotionalen Fluß der Familie folgend, abgewandelt und ergänzt werden. Es ist möglich, jedes Mitglied "seine" Skulptur machen zu lassen und über die Differenzen zu sprechen, oder es kann Bewegung in das Standbild geraten, wenn jeder aufgefordert wird, seinen Impulsen nachzugeben ("Familientanz"), der Therapeut selbst kann Veränderungsvorschläge machen und die Familie wahrnehmen lassen, was geschieht, wenn er z.B. ein Kind von seinem Platz zwischen den Eltern wegnimmt und ihnen gegenübersetzt usw.[5)]

Mit der Ausdrucksform der Skulptur gewinnen wir Zugang zu Prozessen, die auch in der realen Lebenswelt der Familie die Beziehungsdefinitionen bestimmen, ohne daß sie den Beteiligten bewußt (und damit über Sprache zu vermitteln) sind: Haltungen, Regulierungen von Nähe und Distanz (horizontale Ebene), Autorität und Unterordnung (vertikale Ebene), Gesichtsausdruck, Handhaltungen - wie den drohend erhobenen oder anklagend ausgestreckten Zeigefinger, offene Hände, Fäuste usw. Die Skulptur ist als universale Sprachform als repräsentativ für psychologische Ereignisse und emotionale Transaktionen erkennbar (Minuchin und Fishman 1982). Menschen unterschiedlicher sozio-ökonomischer Gruppen (vgl. v. Schlippe 1983), Erwachsene und besonders Kinder erkennen die

---

5) Einen ausgezeichneten Überblick über diese Technik geben Schweitzer und Weber 1982.

Metaphern und füllen sie mit Bedeutung.

Nicht zuletzt kann über die Bewegung im Raum und die Aktivität auch Spaß und Freude in die Therapie und damit in die Familie einfließen.

Abschließend möchte ich das Prinzip der Arbeit mit der Skulptur an einem Beispiel verdeutlichen (aus:Metzmacher et al. 1982 S.184ff):

Familie P. befindet sich seit mehreren Monaten in einer familientherapeutischen Behandlung. Anlaß dazu gab ihr 12jähriger Sohn Michael, dessen psychosomatisch bedingtes Erbrechen schon mehrere Krankenhaus- und Klinikaufenthalte erforderlich gemacht hatte, jedoch ohne den erhofften Erfolg. Schon häufig war das Problem „Nähe und Distanz" zwischen den einzelnen Familienmitgliedern (Mutter, Vater, Michael und Markus (15 J.) Thema der familientherapeutischen Sitzungen gewesen. Michael sondert sich immer häufiger von der Familie ab und entspricht so gar nicht den Erwartungen seiner Eltern, die für den Jungen alles in einem sein wollen: Freunde, Gleichgesinnte und Eltern. Ihm ist das alles zuviel. Die ständigen Fragen nach seinem Wohlbefinden, seinen Sorgen, Gedanken und Gefühlen sind ihm unangenehm. Doch von Zeit zu Zeit wird ihm übel, er übergibt sich und läßt sich dann von seiner Mutter wieder gesundpflegen.

Auch in dieser Sitzung entsteht wieder ein Streitgespräch zwischen Vater und Michael über dessen Ablehnung auf die vielfachen Kontaktangebote des Vaters. Es wird deutlich, daß der Vater mehr Nähe zum Sohn haben möchte als umgekehrt. Ich teile ihm meinen Eindruck mit, und als beide dies bestätigen, bitte ich sie, die von beiden jeweils gewünschte Nähe räumlich darzustellen.

(M. = Mutter, V. = Vater, Mi. = Michael, Th. = Therapeut)

Th.: Herr P., setzen Sie sich doch bitte so nahe an Ihren Sohn heran, wie Sie es gern immer hätten (Herr P. rückt daraufhin mit seinem Stuhl frontal so nah an Michael, daß sich die Knie der beiden berühren).

Th. (zu Michael gewandt, der schon anfängt, nach hinten wegzurücken): Michael, ich sehe, daß Du nach hinten wegrückst. Was fühlst Du, wenn Dein Vater Dir so nahe kommt?

Mi.: Schlecht, — da bekomme ich keine Luft mehr (vor Ausbruch seiner jetzigen Krankheit, dem Erbrechen, war Michael sechs Jahre lang asthmakrank gewesen).

Th.: Dann verändere die Position so, wie es für Dich stimmt.

Mi. (rückt daraufhin in denselben Abstand, der vor der Positionsveränderung gewesen war.)

Th.: Wie ist es jetzt, wenn Du so weit von Deinem Vater wegsitzt?

Mi.: Das ist schon besser, so ist es gut jetzt.

Th.: (zum Vater gewandt): Wie ist es für Sie, wenn Michael denselben Abstand wie vorher wiederherstellt?

V.: Ich bin enttäuscht, ich hätte gern mehr Nähe zu ihm.

Th.: Was würden Sie normalerweise tun, um ihm das mitzuteilen?

V.: Was meinen Sie damit?

Th.: Ja, was machen Sie, wenn Sie an Ihren Sohn herangehen und er weicht Ihnen aus?

V.: Erst gehe ich hinterher und versuche, ihn doch noch irgendwie zu kriegen, und dann werde ich verärgert und...

M. (fällt ihm ins Wort): Und dann kommt er zu mir und beklagt sich bei mir über seinen Sohn.

Th. (wieder an den Vater gewandt): Ist es so, wie Ihre Frau gerade sagt?

V.: Ja, manchmal schon.

Im folgenden schließt sich eine Diskussion über die Funktion der Mutter bei den häufigen Konflikten zwischen Vater und Sohn an. Es wird deutlich, daß sie sich sehr häufig überlastet. Hieran schließt sich dieselbe Prozedur der räumlichen Darstellung von Nähe und Distanz, so wie vorher zwischen Vater und Sohn, nun auch zwischen Mutter und Sohn und zwischen Mutter und Vater an. Markus, der zweite Sohn, ist bei dieser Sitzung nicht anwesend. Die dargestellte Nähe zwischen Mutter und Sohn stimmt für beide. Zwischen Vater und Mutter rückte der Vater seinen Stuhl wieder „zu nahe" an den Stuhl der Mutter heran, die daraufhin lächelnd sagt:

M.: Komm, das stimmt ja nicht; so nahe sind wir uns nur selten.

V. (rückt irritiert auf seinem Stuhl hin und her).

Th. (zur Mutter gewandt): Sie meinen, daß das so, wie Ihr Mann das jetzt darstellt, zu Hause in der Regel nicht ist?

M.: (Nickt)

V. (sagt ohne Aufforderung): Ja, das stimmt schon, aber ich wäre gern öfter näher bei Dir.

Th.: O.k., dann bleiben Sie einen Moment so sitzen (Und wieder zur Mutter gewandt): Wie ist es für Sie, wenn Ihr Mann so nahe kommt?

M. (lehnt sich zurück, schaut ihren Mann an und sagt): Eigentlich ganz schön.

Th. (zum Vater gewandt): Und für Sie?

V.: Auch schöner.

Nachdem daraufhin eine Weile über die Beziehung zwischen Vater und Mutter (zwischen Mann und Frau) gesprochen wird, entbrennt erneut an einem bestimmten Punkt die Diskussion über die Unzufriedenheit bezüglich Michaels „Wegrücken". Daraufhin schlage ich vor, das Ganze in einer Skulptur darzustellen, d. h. ich lade die Familie ein, dem Wunsch des Vaters nach einer bestimmten Nähe zu den Familienmitgliedern in einem Standbild einmal nachzukommen. Die Personen stehen daraufhin auf, rücken ihre Stühle nach hinten, und ich bitte den Vater, sich seine Frau so vor oder neben sich zu stellen, wie er es gern hätte. Der Vater nimmt seine Frau an der Hand, stellt sie direkt neben sich und legt einen Arm über ihre Schultern.

Th. (zum Vater gewandt): O. k., nehmen Sie nun Michael und stellen Sie ihn auch so, wie Sie ihn gern stehen haben möchten.

Der Vater nimmt Michael an der Hand, der sich dagegen sträubt, sich ebenso dicht neben den Vater zu stellen, wie auf der anderen Seite die Mutter. Auch ihm legt der Vater seinen Arm um die Schulter.

Th.: Gut. Dies ist jetzt ein Standbild, das von Herrn P. gestellt worden ist. Ich möchte Sie bitten, einmal kurz die Augen zu schließen und zu spüren, wie es für Sie jeweils ist, so zu stehen, in dieser Nähe, in dieser Körperhaltung.

Pause

Als sie die Augen wieder öffnen, frage ich jeden Einzelnen direkt, wie es ihm geht, wenn sie so stehen. Der Mutter ist es recht, dem Vater ist es recht. Nur Michael sagt, daß er diese Nähe nicht aushalten könne. Daraufhin gehe ich direkt neben Michael und bitte ihn, das Standbild jetzt so zu verändern, wie er es gern haben möchte. Als erstes befreit er sich vom Arm seines Vaters und schüttelt seine Schulter. Auf die Frage, ob der Ort, an dem er steht, für ihn stimmig sei, schüttelt er den Kopf und geht drei Schritte zurück, wobei er auf seine Eltern schaut.

Th.: Wie ist es jetzt dort, wo Du stehst? Und wenn Du auf Deine Eltern schaust?

Mi. (schaut Th. an und sagt): Das ist besser, hier fühle ich mich wohler und freier. (er macht eine Pause und fügt noch hinzu): Und wenn ich will, kann ich ja auch näher rangehen.

Th.: Ja, o. k., mach das mal, tu so, als würdest Du herangehen und wieder weggehen.

Mi. (geht relativ nah an die beiden heran, fast an denselben Ort, an dem er vorher gestanden hat, und bleibt dort einen Moment stehen und geht wieder zurück).

Th.: Heißt das, wenn Du von Dir aus die Nähe bestimmen kannst, daß Du auch manchmal nahe an Deine Eltern herangehen würdest?

Mi. (Nickt)

Th. (zu den Eltern gewandt): Wie ist es für Sie, wenn Michael weiter von Ihnen wegsteht, als Sie es gern hätten, auf der anderen Seite von selbst aber näher an Sie herankommt?

Die Eltern schauen zunächst sich an, dann den Jungen und machen einen sehr zufriedenen Gesichtsausdruck.

V.: Das hätte ich nie erwartet, daß er von sich aus kommen würde.

M.: Und ich fände es schön, wenn zwischen den beiden ein bißchen mehr Friede einkehren würde.

Ich bitte alle, nun wieder auf ihren Stühlen Platz zu nehmen, und da die Stunde ihrem Ende entgegen geht, beschließe ich die Familiensitzung mit einer „Runde", in der ich jeden Einzelnen frage, wie es ihm im Moment geht und was für ihn in der heutigen Sitzung wichtig gewesen ist. Hierbei teilt jeder mit, daß es ihm im Moment gut gehe und daß für ihn die heutige Sitzung sehr viel Klarheit gebracht habe über die unterschiedlichen Bedürfnisse von Nähe und Distanz.

V.: Also, wir haben ja schon oft darüber gesprochen, aber so klar wie heute ist mir das noch nie gewesen.

Th.: Was ist Ihnen heute klar geworden?

V.: Wenn ich den Jungen ein bißchen mehr lasse, dann kommt er von sich aus auch ein bißchen näher, und etwas anderes möchte ich im Grunde genommen auch gar nicht.

Daraufhin wird die Sitzung beendet.

Um dem Eindruck entgegenzuwirken, daß es sich bei der dargestellten Familie um eine besonders untypische und unkomplizierte gehandelt habe, erwähnen die Autoren, daß der Sitzung, in der die Skulptur durchgeführt wurde, sehr viele Stunden vorangegangen waren, in denen wichtige Vorarbeit geleistet wurde.

7.8. Der Gebrauch von Metaphern in der Therapie

"Die Frage der Fragen:

> Vor dem Ende sprach Rabbi Sussja: 'In der kommenden Welt wird man mich nicht fragen: Warum bist du nicht Moses gewesen? Man wird mich fragen: Warum bist du nicht Sussja gewesen?' " (aus Buber 1949)

Blitzartig und ganzheitlich erhellt diese Metapher nicht nur die Antwort auf die Frage nach dem Sinn von Therapie, sondern nach dem Sinn von Leben überhaupt. Sie vermag daher klarer und einprägsamer als diese nun folgenden Worte, Sinn zu vermitteln. Ähnlich wie die Skulptur kann man auch die Metapher (wie übrigens auch den Witz!) zu den "rechtshemisphärischen Sprachformen" zählen (s. Watzlawick 1977). Noch stärker als die vorigen therapeutischen Techniken ist der Gebrauch von Metaphern eine Funktion von Erfahrung, Gelassenheit und "Weisheit" des Therapeuten, noch weniger ist sie lehr- und erlernbar. Ich möchte mich daher auch auf die kurze Erwähnung einiger Bücher beschränken, die Sammlungen von Geschichten enthalten: Peseschkian 1977, Kopp 1978, 1982, Duhl 1983. Im Rahmen des Neurolinguistischen Programmierens (Bandler u. Grinder 1981 u.a.)wird die Metapher gezielt eingesetzt, Geschichten extra auf den spezifischen Klienten bzw. die Familie hin entwickelt. Wie diese erarbeitet und eingesetzt werden, stellt Gordon (1978) ausführlich dar.

8. Wo beginnen?

Es gibt sehr unterschiedliche Meinungen darüber, in welcher Form Familientherapie durchgeführt werden sollte. Extrempositionen sind hier Forderungen nach dem generellen Verzicht auf Einzeltherapie und dem strikten Durchhalten eines familientherapeutischen Settings. So werden von den Therapeuten der Mailänder Schule Familien je nach Diagnose wieder nach Hause geschickt, wenn sie nicht vollzählig sind, selbst wenn sie aus Sizilien kommen (also ca. 1000 km Strecke Fahrt) (Barrows 1983).

Auch hier gibt es verschiedene Positionen und Sichtweisen (vgl. z.B. Wynne 1980). Ich persönlich meine, daß ideologische Fixierungen welcher Art auch immer, gefährlich sind. Eine sich von der Systemtheorie herleitende Sichtweise menschlicher Wirklichkeit sollte ohnehin nicht nur auf das System Familie beschränkt bleiben. Dies gilt sowohl für die nächsthöhere Stufe der Systemhierarchie[6], das soziale Netz (vgl.hier besonders die Arbeiten von Speck, Attneave 1976), als auch auf den nächstniedrigeren, den elterlichen und geschwisterlichen Subsystemen sowie dem intrapersonalen Subsystem, dem einzelnen Menschen (s.Weber, Simon 1987).

Wenn ich alle lebenden Systeme als offen und miteinander in Verbindung stehend betrachte, dann ist es wichtig, auch möglichst alle Systemebenen in die Betrachtung miteinzubeziehen. Da es sich um verbundene Systeme handelt, kann ich auf jeder dieser Ebenen Veränderungen initiieren. Dies kann die pharmakologische und biologische Ebene sein, genauso die Ebene des Individuums, des Paares, der Familie oder des größeren Kontextes. Ich denke, daß ein systemisch ausgerichteter Therapeut vor allem offen sein sollte dafür, was seine Interventionen in anderen Systembereichen bewirken und wie das übergeordnete System mit Veränderungen auf untergeordneten Systemstufen umgeht. Dann erscheint die Arbeit mit der Familie i.a. als die günstigste und angemessenste Lösung, andere sind daneben ebenfalls möglich.

9. Auswertungsmöglichkeiten familientherapeutischer Arbeit

Im Folgenden seien einige Anhaltspunkte gegeben, die bei der Beobachtung oder beim Abhören von Familiengesprächen die Auswertung erleichtern können. Sie sind i.a. diesem Text entnommen, z.T. sind sie Allgemeingut humanistisch orientierter Therapieformen (z.B.das "Hier-und-Jetzt-Prinzip").

I. Joining: Was tun die Therapeuten, um in die Familie hineinzukommen?
- -Weltbild der Familie und der Einzelnen
- -Selbstwert der einzelnen Mitglieder
- -Haltung, Bewegungsstil, Stimme, Atemgeschwindigkeit, Sprache, Thema, Tempo der einzelnen.

II. Reihum:
- -Wird jeder auf jedem Stockwerk erfaßt? Auslassungen?

---

[6] Natürlich auch auf noch höheren Systemstufen. Gesellschaftsveränderndes Handeln ist eine Form von "Systemtherapie", sofern es offen bleibt für das, was auf allen Systemstufen geschieht. Eine systemische Sichtweise vermag so u.U. die Diskrepanz zu vermindern, ob es nun "richtig" ist, einzelne zu therapieren oder die Gesellschaft zu verändern.

III. Systemerkennung

a) Interaktionsmuster (sich wiederholende Sequenzen, geeichte Kommunikationszirkel.

b) Diskrepanzen in der Kommunikation.

c) Kommunikationsformen nach Satir.

d) Handhabung der Grenzen zwischen den einzelnen Subsystemen, Koalitionen, Triangulationen.

e) Handhabung der Systemaußengrenzen.

f) Mögliche Funktion des Symptoms für das System.

g) Morphostatische und morphogenetische Tendenzen.

h) Wirkung und Rolle des Therapeuten im System, z.B. : Ist er "up"?, Koalitionen, Aversionen, mit jedem in Kontakt?, ist er"im System gefangen"?

i) Regeln des Systems?

k) Bestehen Hinweise darauf, daß größere bzw. andere Systeme an der Symptombildung beteiligt sind bzw. das hömöostatische Plateau mitbestimmen? (z.B. Mehrgenerationenperspektive, Arbeitgeber, soziale oder therapeutische Einrichtungen usw.)

l) Stärken und positive Bereiche der Familie und der einzelnen Mitglieder (Voraussetzung für Anerkennung und positives Umdeuten).

m) Ähnlichkeit und Abgrenzung zur Herkunftsfamilie, zur eigenen Geschichte und Gegenwartssituation des Therapeuten.

IV. Bildliche Darstellung der Systemdiagnose nach Minuchin

V. Umdefinition und Kontrakt: Umdefinition des Problems gelungen? Systemischer Kontrakt geschlossen, mit jedem? Kontraktgemäßer roter Faden durchgehalten?

VI. Therapeutenqualitäten

- Echtheit, Kongruenz
- Wärme, bedingungslose Akzeptierung
- vertrauensvolle Atmosphäre schaffen können
- Kenntnis der eigenen Fähigkeiten, Interpretationstendenzen usw.
- Humor

VII. Therapeutische Techniken

- Reframing
- Konfrontation
- Arbeit im Hier und Jetzt

- Überführen in netzförmige Interaktion
- Arbeit an Grenzen
- Skulptur
- Reaktion auf Machtkämpfe
- Ausnutzen des Raumes (Aufstehen, Herumgehen usw.)

VIII. Was tut der Therapeut für sich, um sich wohlzufühlen? Was unterläßt er, obwohl er es möchte?

Zur Eigensupervision des Therapeuten:

I. Wen lasse ich aus? Wie kommt das?

II. Wann bin ich "im System" (d.h. folge dessen unausgesprochenen Regeln, fühle mich unwohl, eingeschränkt)? Welche Fähigkeiten habe ich, meine eigene Balance wiederherzustellen (z.B. Entspannung) und wieder herauszukommen?

III. Wahrnehmung eigener Gefühle; konnte ich sie akzeptieren, ohne sie auszuagieren?

IV. Beziehung herstellen zwischen Situationen, in denen ich als Therapeut nicht stimmig reagieren konnte bzw. keine Wahlmöglichkeiten sah und eigenen, nicht aufgearbeiteten Themen.

V. Abhängigkeit von der Familie, deren Anerkennung oder deren Vorwärtskommen? Eigener Leistungsanspruch?

VI. Wie versucht mich die Familie zu lenken?

VII. Vor welcher Handlung habe ich hier die größte Angst? Was befürchte ich konkret?

VIII. Wo erfülle ich Erwartungen der Familie an mich (z.B. was die Definition des Problems oder des IP betrifft)?

10. "Self-Care" des Therapeuten, Selbstzentrierung

Besonders in der Familientherapie ist der Therapeut in hohem Maße Belastungen ausgesetzt, ständig mit seinem kognitiven und emotionalen Reaktionspotential gefordert, er selbst ist, wie unter 6.1. beschrieben, sein wichtigstes und wertvollstes Instrument. Und so ist in der Familientherapie besonders wichtig, daß der Therapeut "für sich sorgen kann". Damit ist gemeint, daß er in der Lage sein sollte, in Belastungssituationen mit sich selbst in Kontakt zu bleiben bzw. diesen Kontakt schnell wiederzufinden. Die Metapher "in Kontakt sein" beschreibt einen Zustand der Bewußtheit der eigenen Ganzheit und des eigenen Wertes, unabhängig von Leistung bzw. äußerer Anerkennung. Wie Satir betont (s.das Zitat in diesem Band S. 65f), bildet dieses Bewußtsein die Grundlage für die Fähigkeit, in kreativer, flexibler und angemessener Weise die unterschiedlichsten Problemsituationen zu bewältigen, ohne darauf angewiesen zu sein, das Selbstwertgefühl einer anderen Person verletzen zu müssen, um das eigene wieder zu stabilisieren.

Satir entwickelte mit der Selbstzentrierung eine Möglichkeit, diesen Kontakt in jeder Lage (wieder-)zu finden (vgl.auch Bosch 1977). Es ist eine Wahrnehmungsübung, die bei einiger Erfahrung in Sekundenschnelle durchgeführt werden kann (z.B.in einer Krisensituation), genauso gut jedoch 20 Minuten beansprucht. Als Wahrnehmungsübung liegt der Fokus auf der Wahrnehmung des Körpers und seiner Regungen. Es geht also um Akzeptierung des körperlichen Zustandes und nicht um seine Veränderung (wie z.B.in Entspannungsübungen).

Es gibt keine allgemeingültige Form dieser Übung, da jeder sie in seiner Praxis abwandelt. Daher stelle ich die Grundelemente und den Text dar, den ich in der Arbeit mit Familien, Gruppen und Einzelpersonen meist verwende, genauso wie im Kontakt mit mir selbst:

"Setz dich bequem hin und schließe deine Augen. Richte deine Aufmerksamkeit auf dich selbst. Du kannst dir dazu vorstellen, daß du deine Wahrnehmung ganz in dich hineinziehst, so daß meine Stimme das einzige ist, was du von der Außenwelt noch wahrnimmst.(Pause)- Wenn Du magst, beginne nun mit der Reise durch deinen Körper."

Beginnend mit den Füßen werden nun die Körperteile durchgesprochen (je nach Zeit mit variierendem Tempo), wobei immer wieder der Akzent auf die Wahrnehmung der Haut als Kontaktgrenze gelegt werden kann (also: Stoff, Holz,Stuhllehne usw.). Beim Unterleib, einer Region, in der häufig Verspannungen zu finden sind, spreche ich i.A. folgenden Text:

"Wenn du irgendwo in deinem Körper eine Anspannung merkst oder einen Schmerz, so nimm sie/ihn wahr, nimm Kontakt zu ihr/ihm auf und sage zu ihr/ihm: 'Ich nehme dich wahr!' und vermittle ihr/ihm deine Bereitschaft, auf das zu hören, was sie oder er dir sagen will."

Über die Bewußtmachung von Armen, Rücken, Schultern, Händen und Nacken geht es dann bis zu Kopf und Gesicht. Danach lautet die Anweisung wie folgt:

"Nimm dich nun noch einmal ganzheitlich wahr, von Kopf bis Fuß und werde dir bewußt:'Das bin ich!' -und setze deinen Namen dahinter. (Pause) Lasse nun deine Aufmerksamkeit tief in dich hineingehen, hinter alle Rollen, Masken, Fassaden an den Ort, an dem du ganz und gar du selbst bist, ganz echt und wertvoll, einfach deshalb, weil du zu der Gemeinschaft aller Menschen dazugehörst. Und von diesem Ort her gib dir eine

> Botschaft der Zustimmung zu dir, der Liebe oder - wenn es dir schwerfällt - der Anerkennung für dich oder für etwas, was du gemacht hast, was dir gefiel - (Pause). Lasse dann deine Aufmerksamkeit von diesem Ort wieder nach außen fließen in den Raum, werde dir der Anwesenheit der anderen bewußt, höre auf die Geräusche und lasse dann als letztes deine Wahrnehmung auch zu den Augen wieder heraus."

Dieser Prozeß des Kontaktfindens zu sich kann in vielen Belastungssituationen innerhalb von ein bis zwei tiefen Atemzügen geschehen[1] und so die Handlungsfähigkeit wieder herstellen.

11. Ausbildung in Familientherapie

Der Abdruck einer Liste von Ausbildungsinstituten (aus: Familiendynamik 4, 1980) bietet vielleicht einen zumindest oberflächlichen Überblick über die Fülle der verschiedenen Institute und Richtungen. Von folgenden fünf deutschsprachigen Instituten, die nach Herausgabe der Liste gegründet wurden, habe ich zusätzlich noch erfahren:

Institut für Familientherapie, Frankfurter Str. 11, 3550 Marburg

Institut für Familientherapie, Zeisselstr. 11, 6000 Frankfurt 1

Münchener Institut für integrative Familientherapie, Wormser Str. 1, 8000 München 40

Institut für Familientherapie und Systemberatung (I.F.S.), Makartstr. A-4040 Linz, Österreich

Institut für Familientherapie, Siegstr. 24, 5900 Siegen 21

Münchner Familienkolleg, Jagdstr. 5, 8000 München 19

---

1) In der Verhaltenstherapie ist die Koppelung der konditionierten Entspannungsreaktion an eine Ruhewort, z.B. "Ich bin ganz ruhig", bekannt.

Ausbildung in Familientherapie / Anschriften von Instituten

Die nachfolgenden Anschriften und Angaben über Ausbildungs- und Weiterbildungsveranstaltungen beinhalten – soweit sie das nicht deutschsprachige Ausland betreffen – nur diejenigen, die uns für hochstehende Qualität der Ausbildung bekannt sind. Auf eine solche Auswahl verzichteten wir für den deutschsprachigen Bereich, da hier eine persönliche Meinungsbildung des Interessenten zumutbar erscheint. Als Hilfe verweisen wir auf unsere Tips für die Evaluation eines Ausbildungsganges [A. Ammann: Familientherapie. In: H. Ernst (Hg.): Neue Formen der Psychotherapie. Weinheim (Beltz) 1980, 193—208].

Deutschland/Schweiz/Österreich:

Institut für Ehe und Familie (Dr. J. Duss-von Werdt)
CH-8032 Zürich, Wiesenstrasse 9 Tel. (01) 251 82 82
Nächste Ausbildungskurse (für Psychiater, Psychologen, Sozialarbeiter) beginnen 1982
Im Herbst 1981, vom 23. bis 26. 9, führt das Institut das 7. Int. Symposion für Familientherapie durch.

Abteilung psychoanalytische Grundlagenforschung und Familientherapie der Psychosomatischen Klinik der Universität Heidelberg (Prof. H. Stierlin)
D-6900 Heidelberg 1, Mönchhofstraße 15 a Tel. (0 62 21) 53 27 31
Jährliche Aufnahmen in die Basisgruppen (für helfende Berufe).
Daneben auch Ambulanz- und Supervisionsseminare.

Zentrum für Psychosomatische Medizin am Klinikum der JLU (Prof. H. E. Richter)
D-6300 Gießen, Ludwigstraße 76 Tel. (06 41) 7 02 24 80
Ausbildungs-Selbsthilfegruppen mit Supervision und Workshops.

Abteilung für psychosoziale Medizin und Familientherapie der psychiatrischen Universitätspoliklinik (Prof. J. Willi)
CH-8032 Zürich, Pestalozzistrasse 10 Tel. (01) 2 55 20 23
3tägige Kurzkurse in Bausteinsystem (für Psychiater, Psychologen, Sozialarbeiter).

Institut für Forschung und Ausbildung in Kommunikationstherapie (Dr. K. H. Mandel)
D-8000 München 2, Rückertstraße 9 Tel. (089) 53 00 95

Institut für Familientherapie e. V. (Dr. M. Bosch, R. Kaufmann, H. Salm)
D-6940 Weinheim, Buchenweg 7 Tel. (0 62 01) 6 59 52
2—3jährige geschlossene Ausbildungsgruppen in verschiedenen Räumen Deutschlands und in Österreich (Beginn neuer Gruppen laufend); daneben offene Ausbildungsgruppen im Aufbauprogramm, Curriculum II (Einstieg laufend möglich).

Fortbildungsstelle im Psychotherapeutischen Zentrum (Dr. K. Antons)
D-7000 Stuttgart 70, Christian-Belser-Straße 75 a Tel. (07 11) 64 40 01
Nächster Ausbildungsgang (für Sozialarbeiter/-pädagogen, Psychologen) beginnt im Herbst 1981 (3jährige Ausbildung).

Praxisgemeinschaft Im Holenacker (K. Frei)
CH-3063 Ittigen-Bern, Im Holenacker 5 Tel. (031) 58 10 20
Weiterbildung in Wochenend-Workshops mit meist ausl. Dozenten.

Centre d'Etude de la Famille (Prof. Luc Kaufmann)
Clinique psychiatrique universitaire, Prilly, Lausanne Tel. (021) 37 55 11
Zweijähriger Kurs für Psychiater, Psychologen und Sozialarbeiter.

California Graduate School of Marital and Family Therapy (Dr. M. Kirschenbaum)
San Rafael, CA 94903 (USA), 4340 Redwood High Way, Suite 144
Ausbildung in Blockseminaren in München und Zürich. Auskunft durch:
Carol Downing-Gammer, D-8000 München, Ferdinand-Maria-Straße 26.

Abteilung für Psycho- und Soziotherapie der Psychiatrischen Klinik der Universität (Prof. E. Sperling)
D-3400 Göttingen, Wilhelm-Weber-Straße 3 Tel. (05 51) 39 54 96
3jähriger Ausbildungsgang (Vorbedingung: eigene Psychoanalyse).

Italien
Centro per lo Studio della Famiglia (Dr. M. Selvini-Palazzoli)
I-20123 Milano, Via Leopardi 19 Tel. (02) 89 76 50
Jährlich beginnender Ausbildungskurs.

Centro Italiano della Terapia Familiare (Dr. M. Andolfi)
I-00100 Roma, Via Reno 30 Tel. (06) 86 42 61

USA (einige ausgewählte Institute mit Möglichkeiten für kürzere Kurse)
Philadelphia Child Guidance Clinic (Dr. S. Minuchin)
Philadelphia, PA 19104; 34th Street + Civic Center Blvd. Tel. (215) 243-2600
Grundausbildung in 4 Workshops in 4 Monaten (jeweils September bis Januar).
Sommer-Intensivpraktikum (4wöchig, jeweils zwischen Juni und August).

Ackerman Institute of Family Therapy (Dr. D. Bloch)
New York, NY 10021; 149 East 78th Street Tel. (212) 879-4900
2–3jährige Ausbildungsgänge. Viele 5tägige Spezialkurse. Wochenendseminare.

Family Therapy Institute of Washington D. C. (J. Haley)
Chevy Chase, MD 20015; 4602 North Park Ave. Tel. (301) 951-0335
4wöchige Sommer-Intensivpraktika (Juni und Juli). 4½ monatiges Therapie-Beobachtungspraktikum für Ausländer (Frühling und Herbst).

Mental Research Institute (Dr. R. Fisch)
Palo Alto, CA 94301; 555 Middlefield Rd. Tel. (415) 321-3055
38wöchiger Ausbildungsgang (jeweils 1 Tag/Woche, beginnt im September).
Viele 1–5tägige Spezialkurse.
Im Sommer 1981 führt das MRI die 5. Don D. Jackson Memorial Conference in San Francisco durch.

Project: Family (Dr. L. Kadis)
Aptos, CA 95003; P.O. Box 190 Tel. (418) 688-7167
1wöchige und 1monatige Sommerkurse (TA- und Gestalt-Techniken)

Alex Ammann (Gümligen-Bern)

12. Literatur

Ackerknecht, L., Individualpsychologische Familientherapie, Rückblick und gegenwärtige Praxis in: Schneider,K. (Hg.) 1983.

Andolfi, M., Zwerling, J. (Hg.), Dimensions of Family Therapy, New York: Guilford Press 1980.

Andolfi, M., Familientherapie, Freiburg: Lambertus, 1982.

Amman, A., Familientherapie (Überblick) in: Psychologie Heute 4&5, 1979.

Amman, A., Biopsychosoziale Medizin und Systemtherapie in: Brunner, J. (Hg.), 1983b.

Aponte, H., v.Deusen, J., Structural Family Therapy in: Gurman, A., Kniskern, D. (Hg.), 1981.

Baethge, G., Kindertherapie oder Familientherapie in: Prax. d.Kinderpsychol.und Kinderpsychiat. 30 (5), 1981.

Bandler, R., Grinder, J., Satir, V., Mit Familien reden, München: Pfeiffer, 1978.

Bandler, R., Grinder, J., Metasprache und Psychotherapie, Paderborn: Junfermann, 1980.

Bandler, R., Grinder, J., Neue Wege der Kurzzeittherapie, Paderborn: Junfermann, 1981.

Barrows, S., Interview mit M. Selvini-Palazzoli und G.Prata in: Fam.dyn. 8, 1983.

Bateson, G. et al. (Hg.), Schizophrenie und Familie, Frankfurt: Suhrkamp, 1969.

Bateson, G., Ökologie des Geistes, Frankfurt: Surkamp, 1981.

Bateson, G., Geist und Natur, Frankfurt: Suhrkamp, 1982.

Bateson, G., Von den Strukturen hinter den Strukturen in: Psychologie Heute 11, 1978.

Bauriedl, Th., Beziehungsanalyse, Frankfurt: Suhrkamp, 1980.

Bayertz, K., Wissenschaft als historischer Prozeß, die antipositivistische Wende in der Wissenschaftstheorie, München:Fink, 1980.

Bertalanffy, L.v., General System Theory in: Bertalanffy, L.v.& Rapaport, A.(Hg.), 1956

Bertalanffy, L.v., Zu einer allgemeinen Systemlehre in: Bleicher, K.(Hg.), 1972.

Bertalanffy, L.v., General Systems Theory, New York: Braziller, 1975.

Bertalanffy, L.v., Rapaport, A. (Hg.), General Systems Yearbook, Ann Arbor, 1956.

Bleicher, K. (Hg.), Organisation als System, Wiesbaden: Gabler, 1972.

Bloch, D. (Hg.), Techniques of Family Therapy, New York: Grune & Stratton, 1973.

Bodin, A., The Interactional View, Family Therapy Approaches of the Mental Research Institute in Gurman,A., Kniskern, D. (Hg.), 1981.

Bogdan, J., Paradoxical Communication as Interpersonal Influence in: Fam. Proc. 21, 1982.

Bosch, M., Ansätze der entwicklungsorientierten Familientherapie, Frankfurt (Diss.), 1977.

Bosch, M., Strukturell- und entwicklungsorientierte Familientherapie innerhalb der humanistischen Psychotherapie in: Schneider,K. (Hg.), 1983.

Bosch, M., Kriterien zur Wahl der Interviewtechnik in der Familientherapie in: Brunner, J. (Hg.), 1984.

Bosch, M., Kohaus, M., Die therapeutische Beziehung - Funktion und Rolle des Therapeuten in der Familientherapie in: Integr. Thp.4 (3/4), 1978.

Boszormenyi-Nagy, I. (Hg.), Familientherapie - Theorie und Praxis (2 Bde.), Reinbek: Rowohlt, 1975.

Boszormenyi-Nagy, I., Spark, G., Unsichtbare Bindungen, Stuttgart: Klett, 1981.

Bronfenbrenner, U., Die Ökologie der menschlichen Entwicklung, Stuttgart: Klett, 1981.

Brown, J., Der Gestaltansatz mit Familien in: Schneider, K. (Hg.), 1983.

Brunner, E.J. (Hg.), Eine ganz alltägliche Familie, München: Kösel, 1983.

Brunner, E.J. (Hg.), Interaktion in der Familie, Heidelberg: Springer, 1984.

Brunner, E.J., Grundfragen der Familientherapie, Heidelberg: Springer, 1986.

Buber, M., Die Erzählungen der Chassidim, Zürich: Manesse, 1949.

Buchholz, M., Psychoanalyse-Familientherapie-Systemtheorie, Kritische Bemerkungen zum Paradigmawechsel in: Prax. d. Kinderpsychol. u. Kinderpsychiat. 30 (1), 1981.

Buchholz, M., Psychoanalytische Familientherapie in: Schneider, K. (Hg.), 1983.

Buddeberg, B., Indikation zur Familientherapie in der Kinderpsychiatrie in: Fam. dyn. 5 (2), 1980.

Caillê, P., Was ändert sich, wenn man die Familie ein System nennt? in: Z.f. syst. Thp. 1 (1), 1983.

Canacakis-Cânas, J., Schneider, K., Musiktherapeutische Ansätze in der Familientherapie in: Schneider, K. (Hg.), 1983.

Capra, F., Der kosmische Reigen, München: Scherz, 1977.

Capra, F., Wendezeit, München: Scherz, 1983.

Capra, F., Dürr, H.P., Die Wende wird kommen - wird die Zeit reichen?, Gespräch in: Psychologie Heute 7, 1983.

Carter, E.A., McGoldrick, M., The Family Life Cycle: A Framework for Family Therapy, New York: Gardner, 1980.

Clemenz, M., Intervenieren ohne Interpretieren? Die Wissenschaftsillusion der Familientherapie in: Psychologie Heute 5, 1983.

Corsini, R. (Hg.), Current Psychotherapies, Itasca: Peacock, 1982[8].

Dell, P., The Hopi Family Therapist and the Aristotelian Parents in: J.o. Mar. and Fam. Thp., 1980.

Dell, P., Klinische Erkenntnis, Dortmund: Verlag Modernes Lernen,1986.

Deutsch, M., The Prevention of World War III: A Psychological Perspective in: Political Psychol., 1983.

DGVT-Mitteilungen, Die Technik des Genogramms, 13. Jahrg. 2, 1981.

Duhl, B.S., From the Inside Out, New York: Brunner & Mazel, 1983.

Duhl, B., Duhl, F., Integrative Family Therapy in: Gurman, A., Kniskern, D. (Hg.), 1981.

Duhl, F. et al., Learning, Space and Action in Family Therapy: A Primer of Sculpture in: Bloch, D. (Hg.), 1973.

Duss-v.-Werdt, J., Welter-Enderlin, R., Der Familienmensch, Stuttgart: Klett, 1980.

Epstein, S., Entwurf einer integrativen Persönlichkeitstheorie in: Filipp, S. (Hg.), 1979.

Esser, H. et al., Wissenschaftstheorie (2 Bde.), Stuttgart: Teubner, 1977.

Filipp, S. (Hg.), Selbstkonzept-Forschung, Stuttgart: Urban & Schwarzenberg, 1979.

Filipp, S. (Hg.), Kritische Lebensereignisse, Stuttgart: Urban & Schwarzenberg, 1981.

Fisher, L., On the Classification of Families in: Arch. Gen. Psychiat. 34, S. 424-433, 1977.

Fisher, L. et al., Formen paradoxer Interventionen in: Fam. dyn. 7 (2), 1982.

Foley, V.D., Family Therapy in: Corsini, R. (Hg.), 1982[8].

Friedrich, H. et al., Soziale Deprivation und Familiendynamik, Göttingen: Vandenhoek & Ruprecht, 1979.

Gester, P., Im Zentrum ist die Gesundheit - Interview mit V. Satir in: Kontext 6, 1982.

Gordon, D., Therapeutic Metaphors, Cupertino: Meta Publ., 1978.

Grinder, J., Bandler, R., Kommunikation und Veränderung, Paderborn: Junfermann, 1982.

Guerin, P., Pendegast, The Evaluation of Family System and Genogram in: Guerin, P. (Hg.), 1976.

Guerin, P. (Hg.), Family Therapy, Theory and Practice, New York: Gardner, 1976.

Guntern, G., Die Kopernikanische Revolution in der Psychotherapie: der Wandel vom psychoanalytischen zum systemischen Paradigma in: Fam. dyn. 5(1), 1980.

Guntern, G. (Hg.), Die Transformation von Humansystemen, 1st International ISO-Symposium, Brig (Schweiz), 1981a.

Guntern, G., Streß und Bewältigungsmechanismen in menschlichen Systemen in: Fam. dyn. 6 (2), 1981b.

Guntern, G., Systemtherapie in: Schneider, K. (Hg.), 1983a.

Guntern, G., Die Welt - ein schwingendes Gewebe, 2. Internationales ISO-Symposium, Brig (Schweiz), 1983b.

Gurman, A., Kniskern, D.(Hg.), Handbook of Family Therapy, New York: Brunner & Mazel, 1981.

Habermas, J., Luhman, N., Theorie der Gesellschaft oder Sozialtechnologie, Frankfurt: Suhrkamp, 1971.

Haley, J., Direktive Familientherapie, München: Pfeiffer, 1977.

Haley, J., Gemeinsamer Nenner Interaktion, München: Pfeiffer, 1978.

Haley, J., Ansätze zu einer Theorie pathologischer Systeme in: Watzlawick,P., Weakland, J. (Hg.), 1980a.

Haley, J., Warum ein psychiatrisches Krankenhaus Familientherapie vermeiden sollte in: Kontext 2, 1980b.

Hall, A., Fagen, R., Definition of System in: Bertalanffy, L.v., Rapaport, A. (Hg.), 1956.

Hawellek, Ch., Interventionen bei Familien mit nichtleiblichen Kindern in: v. Schlippe, A., Kriz, J. (Hg.), S.150-159.

Hoffman, L., Enmeshment and the too Richly Cross-joined System in: Fam. proc. 14, 1975.

Hoffman, L., Grundlagen der Familientherapie, Hamburg: ISKO, 1982.

Jefferson, C., Some Notes on the Use of Family Sculpture in Therapy in: Fam. Proc. 17, 1978.

Jürgens, G., Stahl, Th., Gespräch mit V. Satir in: Integr. Thp. 8 (3), 1982.

Kantor, D., Lehr, W., Inside the Family, San Francisco: Jossey Bass, 1977.

Kaplan, M., Kaplan, N., Individual and Family Growth: A Gestalt Approach in: Fam. Proc. 17, 1978.

Kaufmann, L., Familie, Kommunikation, Psychose, Stuttgart: Huber, 1972.

Kaufmann, R., Krahé-Bögner, M., Konstruktive Aggressionsrituale in der Therapie mit Familien in: Brunner, J. (Hg.), 1983

Kempler, W., Gestaltfamilientherapie, Stuttgart: Klett, 1975.

Kempler, W., Experiential Psychotherapy within Families, New York: Brunner & Mazel, 1981.

Kopp, S., Triffst Du Buddha unterwegs, Düsseldorf: Fischer, 1976.

Kopp, S., Kopfunter hängend sehe ich alles anders, Düsseldorf: Diederichs, 1982.

Kottwitz, G., Transaktionsanalytische Familientherapie in: Schneider, K. (Hg.), 1983.

Kriz, J., Grundkonzepte der Psychotherapie, München: Urban & Schwarzenberg, 1985.

Kuhn, Th., Die Struktur wissenschaftlicher Revolutionen, Frankfurt: Suhrkamp, 1976.

Liberman, R., Behavioristische Ansätze für die Familien- und Ehepaartherapie in: Sager, C., Kaplan, H. (Hg.), 1973.

Luthman, S., Kirschenbaum, M., Familiensysteme, München: Pfeiffer, 1976.

Mandel, A. et al., Einübung in Partnerschaft, München: Pfeiffer, 1972.

Mattejat, F., Brumm, J., Kommunikationspsychologische Grundlagen in: Handbuch der Psychologie 8/1, Göttingen, 1977.

Maturana, H., Erkennen: die Organisation und Verkörperung von Wirklichkeit, Braunschweig: Vieweg, 1982.

McGoldrick, M., Gerson, R., Genograms in Family Assessment, New York: Norton, 1985.

Metzmacher, B. et al., Ein familientherapeutisches Konzept von Veränderung in: Integr. Thp. 8 (3), 1982.

Miller, A., Du sollst nicht merken, Frankfurt: Suhrkamp, 1981.

Miller, J.G., Living Systems, New York: McGraw-Hill, 1978.

Minuchin, S. et al., Families of the Slums, New York: Basic Books, 1967.

Minuchin, S., Familie und Familientherapie, Freiburg: Lambertus, 1977.

Minuchin, S. et al., Psychosomatische Krankheiten in der Familie, Stuttgart: Klett, 1981.

Minuchin, S., Fishman, H., Family Therapy Techniques, Cambridge: Harvard Univ. Press, 1982[4] deutsch: Praxis der strukturellen Familientherapie, Freiburg: Lambertus, 1983.

Napier, A., Whitaker, C.A., Tatort Familie, Köln: Diederichs, 1979.

Nash de Witt, K., Die Wirksamkeit von Familientherapie in: Fam. dyn. 5, 1980.

Nerin, W., Family Reconstruction: Long Days Journey into Light. New York: Norton, 1986.

Nitz, H., Neue Wege einer verhaltensorientierten Familientherapie in: Schneider, K., 1983.

Ornstein, R., Die Psychologie des Bewußtseins, Frankfurt: Fischer, 1976.

Papp, P., Family Sculpting in Preventive Work with "Well Families" in: Fam. Proc. 12, 1973.

Papp, P., Paradoxes in: Minuchin, S., Fishman, H. 1982[4], deutsch: 1983.

Papp, P., Paradoxe Interventionen in der Familientherapie und die Einbeziehung einer Beratungsgruppe in: Schneider, K. (Hg.),1983.

Parsons, T., Bales, R., Family, Socialization and the Interaction Process, Glencoe: Free Press, 1955.

Peseschkian, N., Der Kaufmann und der Papagei, Frankfurt: Fischer, 1979.

Petermann, F., Diagnostik in der verhaltenstherapeutischen Familienberatung und Familienbehandlung in: Brunner, E.J. (Hg.), 1983

Petzold, E., Familienkonfrontationstherapie bei Anorexia Nervosa, Göttingen, 1979.

Petzold, H., Grundfragen der menschlichen Kommunikation im Lebensverlauf in: Gestalt-Bull. III, 1981.

Petzold, H., Ramin, G. (Hg.), Schulen der Kinderpsychotherapie, Paderborn: Junfermann, 1987.

Popper, K., Logik der Forschung, Tübingen: Mohr, 1969.

Raskin, D., Klein, Z., Losing a Symptom Through Keeping It, A Review of Paradoxical Treatment in: Arch. Gen. Psychiat. 33, 1976.

Richter, H.E. (Hg.), Familie und seelische Krankheit, Reinbek: Rowohlt, 1978.

Richter, H.E., Patient Familie, Reinbek: Rowohlt, 1972.

Richter, H.E., Eltern, Kind, Neurose, Reinbek: Rowohlt, 1969.

Rosenbaum, R., Paradox as Epistemological Jump in: Fam. Proc. 21, 1982.

Russell, A. et al., Cognitive Family Therapy: A Preliminary Report in: Canad. J. of Psychiat., 15 (1), 1980.

Sager, C., Kaplan, H. (Hg.), Handbuch der Ehe-, Familien- und Gruppentherapie, München: Kindler, 1973.

Satir, V., Selbstwert und Kommunikation, München: Pfeiffer, 1975.

Satir, V., Familienbehandlung, Freiburg: Lambertus, 1979[4].

Satir, V., Baldwin, M., Familientherapie in Aktion, Paderborn: Junfermann, 1987.

Satir, V., Schneider, K., Die Grenze der Gegenwärtigkeit, ein Gespräch in: Schneider, K. (Hg.), 1983.

Scheff, F., Das Etikett 'Geisteskrankheit', Soziale Interaktion und psychische Störung, Frankfurt: Fischer, 1973.

Schiepek, G. (Hg.), Systeme erkennen Systeme, Weinheim: Beltz, 1987.

Schlippe, A. v., Essen, S., Die Familienperspektive überschreiten: Gedanken von Familientherapeuten zu gesellschaftlichen Prozessen in: Integr. Thp. 8 (3), 1982.

Schlippe, A.v., Familientherapie mit Unterschichtsfamilien in: Schneider, K. (Hg.), 1983.

Schlippe, A. v., Kriz, J. (Hg.), Familientherapie: Kontroverses - Gemeinsames, Bericht vom 1. Weinheimer Symposion vom 1.-4.5.86, Wildberg: Bögner-Kaufmann, 1987.

Schlippe, A.v., Matthaei, Ch.,Das Kind in der strukturellen und entwicklungsorientierten Familientherapie in: Petzold, H., Ramin, G. (Hg.), 1987.

Schmidtchen, S., Klientenzentrierte Familientherapie in: Schneider,K. (Hg.), 1983.

Schneewind, K. et al., Eltern und Kinder, Stuttgart: Kohlhammer, 1983.

Schneider, K. (Hg.), Familientherapie in der Sicht therapeutischer Schulen, Paderborn: Junfermann, 1983.

Schulz v. Thun, F., Miteinander Reden -Störungen und Klärungen, Reinbek: Rowohlt, 1981.

Schweitzer, J., Therapie dissozialer Jugendlicher - ein systemisches Behandlungsmodell, Weinheim: Juventa, 1987.

Schweitzer, J., Weber, G., Beziehung als Metapher: Die Familienskulptur als diagnostische, therapeutische und Ausbildungstechnik in: Fam. dyn. 7, 1982.

Selvini Palazzoli, M. et al., Paradoxon und Gegenparadoxon, Stuttgart: Klett, 1977.

Selvini Palazzoli, M. et al., Hypothetisieren, Zirkularität, Neutralität in: Fam. dyn. 6, 1981.

Selvini Palazzoli, M., Magersucht, Stuttgart: Klett, 1982.

Selvini Palazzoli, M., Die Wahrheit interessiert mich nicht, nur der Effekt, Interview in: Psychologie Heute 5, 1983.

Simon, F., Stierlin, H., Die Sprache der Familientherapie, ein Vokabular, Stuttgart: Klett, 1984.

Simon, R., Sculpting the Family in: Fam. Proc. 11, 1972.

Soper, P., L'Abate, L., Paradox as a Therapeutic Technique in: Int. J. of Fam. Counsel., 1977.

Speck, R., Attneave, C., Die Familie im Netz sozialer Beziehungen, Freiburg: Lambertus, 1976.

Speck, R., Attneave, C., Die Intervention in größere Sozialsysteme in: Sager, C., Kaplan, H. (Hg.), 1973.

Sperling, E., Die Mehrgenerationen-Familientherapie in: Schneider,K. (Hg.), 1983.

Stahl, Th., Interventionsmuster des NLP in der Familientherapie: Schneider, K. (Hg.), 1983.

Stierlin, H., Von der Psychoanalyse zur Familientherapie, Stuttgart: Klett, 1975.

Stierlin, H., Delegation und Familie, Frankfurt: Suhrkamp, 1978.

Stierlin, H., Der Status der Gegenseitigkeit: die 5. Perspektive des Heidelberger familiendynamischen Konzepts in: Fam. dyn. 4, 1979.

Stierlin, H., Eltern und Kinder, Das Drama von Versöhnung und Trennung im Jugendalter, Frankfurt: Suhrkamp, 1980.

Stierlin, H. et al., Das erste Familiengespräch, Stuttgart: Klett, 1980^2.

Stierlin, H. et al., Familientherapeutische Fortbildung und Supervision in Heidelberg in: Fam. dyn. 5, 1980.

Titze, B., Titze, M., Individualpsychologische Familienberatung und Familientherapie in: Integr. Thp. 8, 1982.

Tomm, K., Der Mailänder familientherapeutische Ansatz: ein vorläufiger Bericht in: Zeitschr. f. system. Thp. 1 (4), 1984.

Varela, F., Die Biologie der Freiheit, Gespräch in: Psychologie Heute 9, 1982.

Vogel, E., Bell, N., Das gefühlsgestörte Kind als Sündenbock der Familie in: Bateson, G. et al. (Hg.), 1969.

Wahl, K. et al., Familien sind anders, Reinbek: Rowohlt, 1980.

Walrond-Skinner, S., Family Therapy, The Treatment of Natural Systems, London: Routledge & Kegan, 1976.

Watzlawick, P. et al., Menschliche Kommunikation, Stuttgart: Huber, 1967.

Watzlawick, P. et al., Lösungen, Stuttgart: Huber, 1974.

Watzlawick, P., Die Möglichkeit des Andersseins, Stuttgart: Huber, 1977.

Watzlawick, P., Weakland, J.H. (Hg.), Interaktion, Stuttgart: Huber, 1980.

Watzlawick, P. (Hg.), Die erfundene Wirklichkeit, Beiträge zum Konstruktivismus, München: Piper, 1981.

Weber, G., Simon, F., Systemische Einzeltherapie in: Zeitschr. f. syst. Thp. 5 (3), 1987.

Weeks, G., L'Abate, L., Eine Bibliographie über paradoxe Methoden in der psychotherapeutischen Behandlung von Familiensystemen in: Fam. dyn. 4, 1979.

Weeks, G., L'Abate, L., Paradoxical Psychotherapy: Theory and Practice with Individuals, Couples and Families, New York: Brunner & Mazel, 1982.

Westmeyer, H., Zur Paradigmadiskussion in der Psychologie in: Kongreßber, d. Dt. Ges. f. Psychol. (Hrsg.: W. Michaelis), Göttingen: Hogrefe, 1980.

Wetzel, N., Zum Begriff des Widerstandes in der Familientherapie in: Petzold, H., Der Widerstand, ein strittiges Konzept in der Psychotherapie, Paderborn: Junfermann, 1981.

Willi, J., Die Zweierbeziehung, Reinbek: Rowohlt, 1976.

Willke, H., Methodologische Leitfragen systemtheoretischen Denkens in: Zeitschr.f.syst. Thp., 1, 1983.

Wirsching, M., Stierlin, H., Krankheit und Familie, Stuttgart: Klett, 1982.

Wynne, L., Paradoxe Interventionen in: Fam. dyn. 5, 1980.

Zuk, G., Familientherapie, Freiburg: Lambertus, 1978[2].